100日で崩壊する
政権
扶桑社
ぼうごなつこ
キャハハハハ
JN247825

各国の新型コロナウイルス対策

中国
専用の大病院を大突貫工事
感染者数は大幅減少へ

フランス

患者と接触した労働者は直ちに休職
社会保険から日当支給

シンガポール

あらゆる上気道感染症で
国民と永住者は一律10SGドル（800円）
高齢者は5SGドル（400円）で治療可
5日間の休業補償

マレーシア

検査は雇用主負担
検査・検疫期間中は有給

隔離命令を受けた
労働者の給料は全額支給
年間の有給休暇を消化させたり
無給休暇を取らせてはいけない

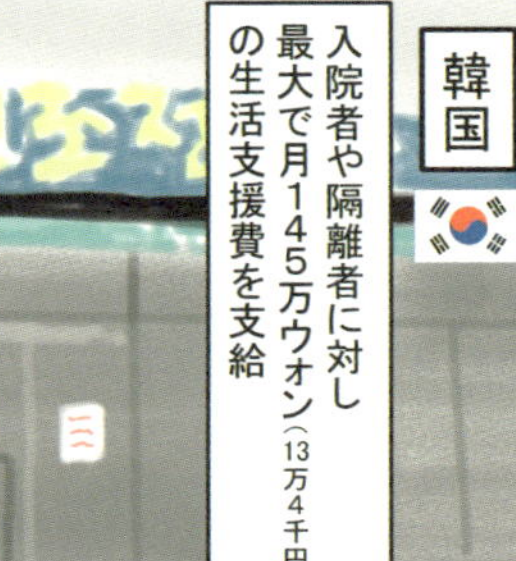
韓国
入院者や隔離者に対し
最大で月145万ウォン（13万4千円）
の生活支援費を支給
ソウル市では
日雇い、派遣、零細、自営業者に
ソウル市生活賃金を支給

香港

18歳以上の全市民に
一律1万香港ドル
（約14万円）振込み

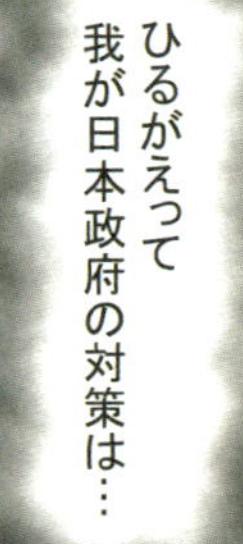
ひるがえって
我が日本政府の対策は…

新型ウイルスが感染拡大する中
総理は美食と宴会の日々であった
百田尚樹氏との仲直り会
ひゃくたさん
ごめんね…
帝国ホテル宴会場で
日経新聞会長・社長と
ネット工作会社と
会食
稲田朋美お誕生会
ともちん おめでとー♡
この一大事に
何やってんだ!
対策会議には
ろくに出ないくせに
ものの数分で退散
ぴゃー
対策会議
…と、怒りの声も上がっているが
この政権なりに
やっていたのである

「国民に安心感を与える」
というウイルス対策を…

まずは感染者数を抑える！
検査をしなければ感染者数は増えない
3月2日 参院 予算委員会
検査を増やせば絶対数が増える可能性がある

ツイッターで「安心」を拡散！
大量に増えていくアカウントとコピペツイート
Risa @risarisa_1103 · 9分
よく考えたらコロナウイルスかかってる人あんまりいないよね笑
噂の力ってすごい
Nanami.S @nanami_123s · 10分
よく考えたらコロナウイルスかかってる人あんまりいないよね笑
噂の力ってすごい
momo @momo_kwu0126
よく考えたらコロナウイル　てる人あんまりいないよね笑
噂の力ってすごい
某IT企業と関係が？？

テレビでは「専門家」が大活躍
基本的にインフルエンザのように集団感染しない
PCR検査は意味がない新型コロナが見つかっても治療に関係ないからベネフィットがない
韓国の方が検査能力が高いけどドライブスルー検査で防護具を毎回変えてないからそこで感染が広がっている可能性
先生の話を聞いて安心しました！
韓国みたいにしろって言うけどダメなんですねぇあれ！
歓喜する人々

検査数が少ないのではという疑念もあったが
？
新型ウイルスには特効薬がないから検査しても意味がない
検査しても正しいかどうかわからないから意味なし
誰でも検査してたら医療が崩壊する！
「わざと感染者数を少なく見せている」は陰謀論！
…の大合唱が起こった

しかし
その「安心を与える施策」は
小学生にもわかる
情けないものであった

口ばかりの安心感は
言うまでもなく
実際のウイルスには
何の効果もなかったのだ

感染拡大防止は
封じ込め・ウイルスを外に出さない
ことが肝心なのに…

ちなみに
現地はこんな感じ
左手が清潔ルート
右手が不潔ルート!

ダイヤモンドプリンセス号

清潔ルート

不潔ルート

突っこまれると削除して
逃亡

ぴゅー

橋本岳・厚労副大臣が
得意げに公開した客船内部の画像は
「コネクティングルーム状態」あるいは
「男湯女湯、内側混浴状態」だった

なにより厚労大臣が
全体の検査数を把握していなかった

小中高生の感染者数?
えーっと…

今まで何件PCR検査したか?
数字持ってません

?
?

感染拡大防止に検査数の把握は
必要なものなのではないだろうか

そんな中…

こんな政権をのさばらせてきたツケがやってくる…
突然の小中高校休校要請！
ピロリン ピロリン
速報 政府は全国の小中高校特別支援学校に3月2日からの臨時休校を要請
TVの速報で知る学校の先生たち
ええええええ
もちろん感染防止の休校は正しいでもこんな形で突然放り投げられるとは…
オリンピックが中止になるのを気にしたわけじゃない！断じてオリンピックを気にしてたんじゃない！
もちろん他国のように休む親たちの生活費をがっつり補償するわけでもない
有給は労働者が自分の都合でとるものです
経済界に有給休暇をと要請した！
［悲報］総理大臣が有給休暇を知らない
結局、安倍政権のウイルス対策とは「バカが思いつくままコロコロとぶち上げている」ものなのだ
もしかして学童保育のこと知らないんじゃ…
わかったよ今井ちゃん
ここでガツンと一斉休校ですよリーダーシップみせましょう
今からの2週間あらゆる手をつくす第2弾の緊急対策を10日程度で取りまとめる
は？？
そしてこの政権の愚策はさらに火事場泥棒にまで発展していく

新型インフルエンザ等対策特別措置法を改正したい
最長2年間緊急事態宣言を出せるように!

民主党政権がつくった新型インフル法で間に合うのに
この期に及んで権力強化かよ!

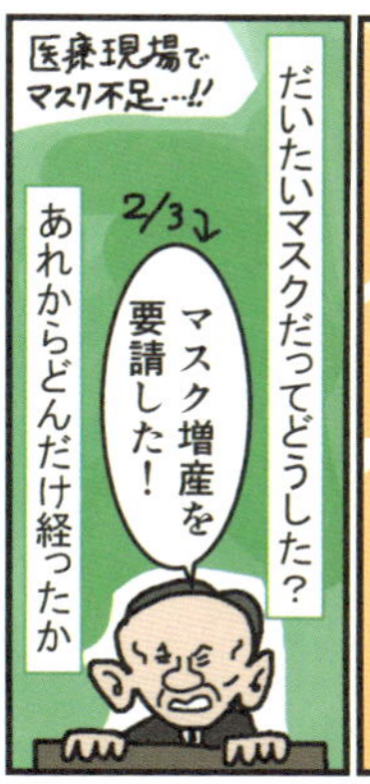
医療現場でマスク不足…!!
だいたいマスクだってどうした?
2/3
マスク増産を要請した!
あれからどんだけ経ったか

中国からマスクが
送られてきたそうですが…

中華人民共和国駐日本国大使館 @ChnEmbassy_jp 3月1日
日本側のウイルス対応を支持し、または協力を与えるため、この間無償提供した検査キットに続き、中国側は防護服5000着、マスク10万枚を援助することとなり、その一部を27日と28日に交付し、今後も日本側の需要に応じ、力の及ぶ限りの支援と協力を提供する。日本の皆さんとともにこの難関を乗り越える。

まさか与党の皆さんで横取りしてませんよね?

自民党・小野寺五典議員のパーティで
マスクが各席300枚くばられる!!

小野寺五典君をハゲます会

2020年2月29日東スポwebより

おわかりいただけただろうか

豊富な予算と権力で守られた私たちの代表者は周辺各国がふつうに行っている感染症対策もできないのです

そんな彼らが改憲だ緊急事態条項だなんておこがましい

あーれー

さっさと権力の座から去るべきなのだ

でも
こんなクソ政権でも
声を上げることは
ムダじゃない

それどころか
効果がある
現に…

武漢からのチャーター機運賃
8万円＋税だって
当初の自己負担が
批判を受けて撤回
公費負担になったではないか

は…
8万8千円
ひどいー!!
国が払えー!!
ほっ
公費負担へ

突然の休校要請に伴う
保護者の休職も
批判を受けてコロコロと変化

なにもなし
↓
有給？
↓
企業に
最大7割
助成
↓
1日上限
8,330円

自営
フリーランス
は貸付け

まだまだ
声をあげてく
ぞー!!

そもそも、これだけ
世論操作に専念してきた
連中である
私たちが思うより
世論が怖いのだ
国民の声を気にしているのだ

ま、でも一番いいのは
彼らを政権の座から
追い出すことですけどね—

キャハハハハ

主な登場人物

ダニ

西村やすとし
経済再生担当大臣兼
なぜかコロナ担当大臣

アキエ夫人
スピリチュアルにハマる

佐伯秘書官
アベノマスク発案者

アベ・シンゾー
悪の元凶

今井秘書官
総理からの信頼厚い
とりまき

アソータロー
財務大臣
服装にこだわりがあるため
マスク嫌い
アベノマスクも決してつけない

牛乳男子
まんざいをする妖精
ふき出しの順番上
ボケとツッコミの位置が逆

1日目

新型コロナウイルス感染拡大に伴う経済対策として
仕事がなくなった～
収入がゼロ…
今月の支払どうしよう…

和牛券を国民に配る案が浮上した!
見ろよ、この肉
こんな機会でもなきゃお前ら食えないだろ?
……

…が、国民の間で激しい議論が巻き起こったため…
お肉券でどうやって家賃とかスマホ代とか払うんだよ!!
その「和牛しばり」なんなんだよ
擁護する人も
これは和牛業界の皆さんがこういう事態を見越して献金してきた成果だ

お肉券だけではバランスを欠くと
お魚券も検討することになった!
お前ら和牛だけじゃ飽きたらねえのか
……

崩壊まであと99日

政府の「和牛券」給付策に呆然

　自分たちにとって都合がいい法案などは勝手に解釈を変更したりして民主的な手続きを無視して通す安倍政権及び与党自民党ですが、国民の危機を救う策となると「現金給付は手続きが……」と途端に口ごもる。

　どうしても現金給付をしたくないのか、3月26日、なんと族議員の利権構造から「和牛券」だとか、「お魚券」などと、本当に国民が困っていることに目を向けているのかと疑問に思うようなアイデアが出て、全国民どころか全世界から失笑を買う結果に。

　最終的には国民や野党からの批判に、歴史に名を残しそうな愚策は立ち消えになり、現金給付となりましたが、本当に油断なりませんでした。

2日目

首都圏を中心に
不要不急の外出自粛が要請される中
永田町では

首相記者会見が行われた
プロンプター（かんぺ）
ウィルスと不屈の覚悟で戦い続ける！
かつてない強大な政策パッケージ！
一気に日本経済をV字回復！
世界中を未曾有の恐怖が覆う中で日本は持ち前のイノベーションを発揮して希望の灯を

もちろん会見の質問と返答はいつもの通り台本である
台本のない質問になったとたん
意味不明になるアベさん
ですから、そこで、間質性肺炎でない肺炎で例えば細菌性、等々の肺炎でですね
亡くなられた方、ぁ等について言えばこれはコロナではない、ですから、コロナではなくて肺炎で亡くなったっていう方は
コロナではないんだという説明を、私は受けて、私は納得したところで、ございます
※台本以外の質問になるとNHKでは中継が終わりスタジオで首相の取り巻きが解説
安倍総理は長期戦への覚悟を示しました！

…そう、この首相記者会見が日本中でぶっちぎりの…
不要不急のイベントであった

崩壊まであと98日

繰り返された「不要不急」な会見

安倍晋三総理大臣は全国の学校への一斉休校を要請した2月29日の内閣総理大臣記者会見以降、3月14日、28日と新型コロナ関連で3度の記者会見を行いました。

2月29日の会見では、大手メディア5社（朝日新聞、テレビ朝日、NHK、読売新聞、AP通信）の質問しか受け付けず、まだ多くの記者が挙手する中、一方的に会見を終了する始末。中身も定量的なデータに基づく話や具体的な話はほとんどなく、単に「お願い」とか「ワンチーム」とか「これまでにない発想」とか具体性に欠ける「なんとなく」な言葉を連発するだけの代物。しかもそれは、プロンプター（かんぺ）に表示される官僚作成の答弁を読むだけで、「官僚作文朗読会」と揶揄する声もありました。

3日目

コロナ感染拡大で医療崩壊が懸念される中
病院がパンクする
医療崩壊だー
政府与党は…

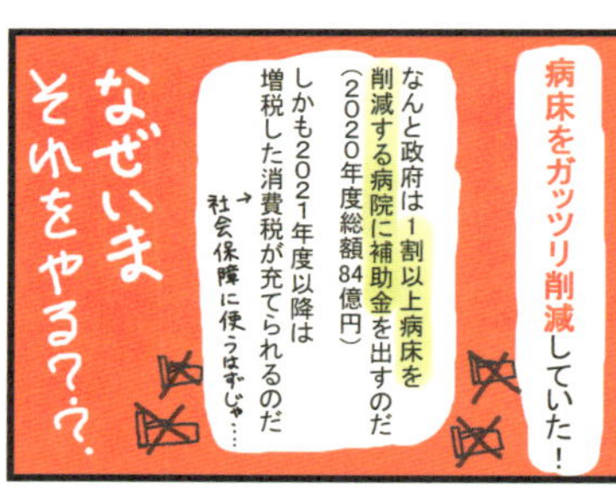
病床をガッツリ削減していた！
なんと政府は1割以上病床を削減する病院に補助金を出すのだ
（2020年度総額84億円）
しかも2021年度以降は増税した消費税が充てられるのだ
→社会保障に使うはずじゃ…
なぜいまそれをやる??

2020年3月27日参院予算委員会で田村智子議員が撤回を迫るも…
政府は2025年までに感染症に対応する病床を20万減らすと3月4日に指示までしてる
構想を見直すべきせめて新型コロナが完全に収束するまで停止すべき

撤回しなかった！
感染症を前提として減らすという議論をしてる訳ではない
並行して進める
減らしながら増やすの??
?

崩壊まであと97日

「医療崩壊」は誰のせいなのか？

このコロナ禍においては、「医療崩壊」への危惧が常につきまといます。しかし、4月1日に日本集中治療医学会の西田修理事長が発表した声明によれば、日本は病床数削減策によって、人口10万人あたりのICUベッド数が5床程度とイタリアの半分以下なのです。

この病床数削減を進めていたのは安倍政権。しかも、感染拡大のさなかにおいても、病床を削減する地域医療構想の推進を政府が自治体に指示していたことを日本共産党の田村智子議員によって指摘されてしまいました。

「せめて新型コロナが完全に収束するまで停止するべきだ」と提案する田村議員に対して、加藤勝信厚労相は「将来に向けた対策も考えるのは当然だ」と拒否しました。

4日目

新型コロナの感染拡大防止のため
不要不急の外出自粛が
要請される中
菅官房長官は…
TOKYO 2020
自民党議員を大勢引き連れて
沖縄へ飛んだ！

そしてマスクもせずに
接触して回った
YOUは何しに沖縄へ??
「ぎりぎり持ちこたえている状況」と
自分で言っておきながら
何をやっているのか？？

それはなんと…
6月7日投開票の
沖縄県議会議員選挙に向けての
選挙対策であった！
県議会で与野党を
逆転させれば
玉城デニー県政を
骨抜きにできるのだ…
うっしっしっし
辺野古裁判の
予算も否決!!

沖縄経済は新型コロナで
大きな影響を受けているが
この場をしのぐことが
次のV字回復・反転攻勢に
「V字回復」は
政権お気に入りの
ワードらしい
与党の中枢の危機感のなさで
この場をしのげなくなりそう
なんですけど！！

崩壊まであと96日

菅官房長官のマスクなし沖縄ツアー

安倍晋三首相が国民に外出自粛を要請している最中の3月29日、なんと驚いたことに菅義偉官房長官と赤羽一嘉国土交通大臣が沖縄県を訪問していました。

国民に不要不急の外出を控えるように要請し、しかもこの時点でろくな補償策も打ち出していなかったため中小の商店などが困窮しつつある中、菅官房長官が沖縄に行った理由は、なんと6月7日に投開票を控えていた沖縄県議会議員選挙の選挙対策のためでした。選挙対策も重要ですがコロナ禍において国務大臣が2人も自党の選挙対策のために訪れるというのは必然性がありません。国民に外出自粛を求める一方、政府与党の幹部が自由に振る舞う様は、まるで、独裁国家の「特権階級」のようでした。

5日目

首相緊急記者会見
本日、私は「この国の税金は弱者を救済するために使う」と宣言します

そして、権力者の妻も閣僚も
法と秩序を守るため襟を正します

もちろん不正に関わった政治家官僚はきちんと処分します
なんなら私も今から出頭しに行きます！
ダッ

本日が4月1日でなかったらどんなによかったか…

崩壊まであと95日

世界騒然。「アベノマスク」爆誕

安倍晋三首相は4月1日夜、首相官邸で開いた政府対策本部の会合で、「マスク不足対策の一環として、洗濯して繰り返し使える布マスクを各家庭に2枚ずつ配る方針」を発表しました。

妙にサイズの合わない布マスクをした安倍総理の姿と、「各家庭に2枚ずつ」という絶妙にショボい数字は全世界に衝撃を与え、SNSではあっという間に「#アベノマスク」なるハッシュタグが爆誕し、海外メディアも報じる結果になりました。

全世界に衝撃と失笑を振りまいた「アベノマスク」。その後の顛末はさらに安倍政権を象徴する、ひどいものになっていくことは、この時点ではまだほとんどの人が予想できていませんでした……。

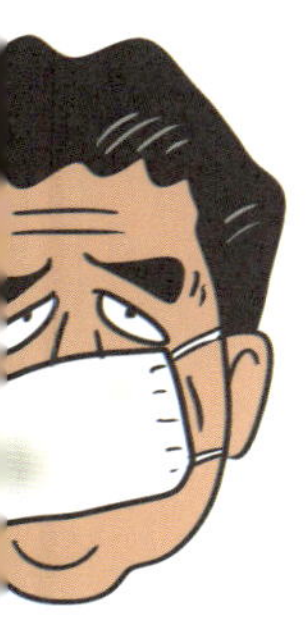

6日目 その1
あー
ありがとうございますー
いまマスクを2枚
いただきましたー
こんなんいくらあっても
いいですからね
ま、一世帯に2枚やけどね
しかもめっちゃ昭和感ある
レトロマスクやしね
おかんがなー
偉大な総理大臣の名前を
忘れたって言うねん
歴代最長の
長期政権らしいんやけど
安倍晋三やないかー
長期になってるのは
メディアと官僚を
アンダーコントロールして
おともだちに
便宜をはかってる
からやしな
いい思いしたい人たちが
順番待ちしてるから
そら4選も5選もありうるわな
でもおかんが言うにはな
困ってる国民のために
身を粉にして働いてるんやて
ほな
安倍晋三
ちゃうやないかい
コロナ流行りだして
あれだけ経つのに
マスク2枚しか
くれへんねんで
その2へつづく

※フキダシの配置上、ボケとツッコミの位置を逆にしています

6日目 その2

あとな、おかんが言うには
オリンピック誘致するために
ウソまでついたんやて
そら
安倍晋三やないかい
「汚染水はアンダーコントロール
されてる」なんて言うてな
あんだけ堂々とウソつくなんて
逆に偉大やわ
でもなー
この総理大臣の名前をつけた
小学校とか作ろうとした
人がいるぐらいですからね
そら安倍晋三
やないかー
夫人を名誉校長にしようと
自分のこと慕ってくる人に
いろいろ特典つけてあげてたわー

でもおかんが言うにはな
その奥さんて
私人やねんて
キャハハハ
そら音喜多駿より
目立っていても
私人やからね
プライバシーに
口出したらあかんねん
私人やけど
予算がついて
公務員のおつきもついてる
最強の私人やねん

んで、おとん
が言うにはな
小沢一郎
ちゃうかって
いや絶対ちゃうやろー
そもそも総理になってないし
もうええわー

崩壊まであと94日

国民への給付は出し渋る安倍政権

感染拡大を防ぐためのロックダウンなどで起こりうる住民の所得減に対応するため、世界各国はさまざまな給付などをいち早く策定していたこの頃。

日本政府はお仲間やトランプ大統領にカネを撒く以外は本当に嫌なようで、困窮する国民を救うための「給付策」は一貫して渋っていました。4月3日になってついに「30万円の給付」を打ち出すと、各メディアでは「やってる感」演出なのか、すごい決断をしたかのような見出しが躍りましたが、蓋を開ければ、申請にさまざまな条件があったり制度的にも不備だらけのものでした。

国民の声や野党の反対、はては自民党内からも反対の声が上がり、最終的に一律給付になりました。

7日目

コロナで大幅減収したと
自己申告した世帯に30万円給付
これだけ大盤振る舞いすれば国民は泣いて喜びますよ
20万円を30万円に…
国民はテキなのだ
でも今井ちゃんさあ絶対不正受給してくるヤツらとかいるでしょ

そこはほら所得が減った証拠書類を出させてきっちり審査すれば
えー
ちーがーうーだーろー

ちがうだろ！
選別してるヒマがあんならさっさと一人一律に配れやバカたれが！

某元議員ではありません。怒りの妖精です

だいたいこの時期に役所へ申請しに来させたら感染リスク上がるだろうが
給付もらった世帯ともらえなかった世帯の分断でもねらってんのか
余計なコストと時間かけるシステム作るのだけは世界一だなお前らは
この無能が
ぐりぐり

崩壊まであと93日

8日目

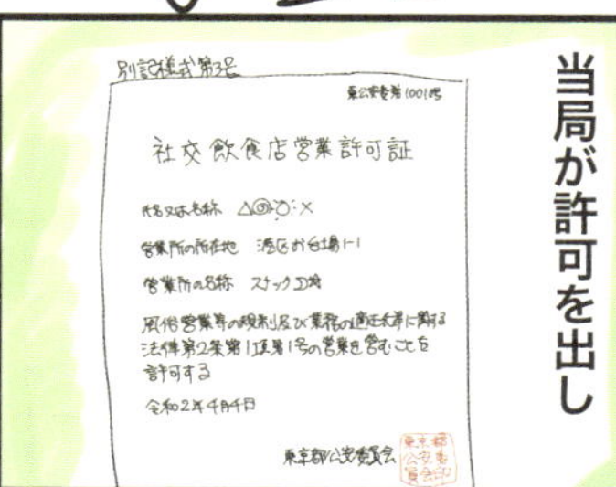
当局が許可を出し
別記様式第3号
社交飲食店営業許可証
営業所の所在地　港区お台場1-1
風俗営業等の規制及び業務の適正化等に関する法律第2条第1項第1号の営業を営むことを許可する
令和2年4月4日
東京都公安委員会

風営法という
法律の下に管理され

働いてる人たちから
がっつり税金を取ってるのに
手取り少なっ

なぜ
こんな扱いをするのか
風俗業は
保護者助成の対象外
ふざけんな
かってにきめんな

崩壊まであと92日

「水商売」を給付除外した政権

都合の良いときは「桜を見る会」にキャバクラ嬢を招待する安倍政権ですが、そうした夜の仕事の女性をあからさまに差別しているかのような実態があらわになってしまいました。

それが、新型コロナウイルス対策の一斉休校の影響で、仕事を休んだ保護者に支給される休業補償についての話です。

有給休暇を取得した会社員やフリーランスに支給される補償が、キャバクラ嬢やホスト、風俗産業などの「夜の街」が、暴力団と同列扱いされ除外されていたのです。

都合の良いときは「反社の定義は困難」などというくせに、夜職の人たちが除外されたのは「反社会勢力の資金洗浄に利用される」などと難癖をつけるわけです。

9日目

新型コロナで外出自粛でも
「買い物・旅行」
60代が最も活発

国は自粛要請しています
感染拡大を国のせいに
しないでくださいね

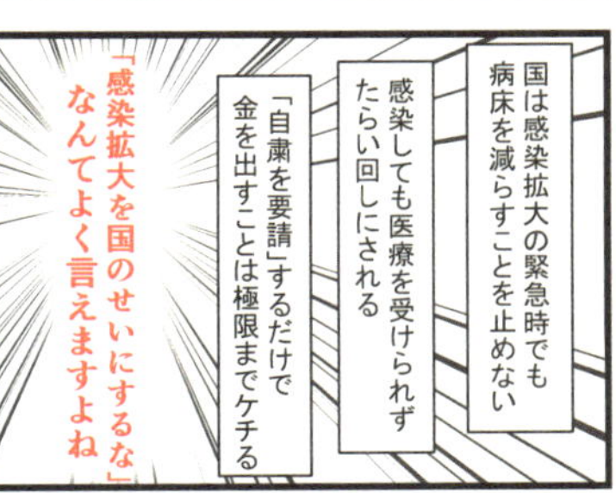
国は感染拡大の緊急時でも病床を減らすことを止めない
感染しても医療を受けられずたらい回しにされる
「自粛を要請」するだけで金を出すことは極限までケチる
「感染拡大を国のせいにするな」なんてよく言えますよね

覚えておこう
これが現役の政務官
自民党国会議員の言葉である
石川2区
石川県の方
よろしくー!!
佐々木 紀(はじめ)
自民党衆議院議員、
国土交通大臣政務官

崩壊まであと91日

「国のせいにするな」と言った自民党議員

感染拡大への不安や、外出制限、収入減への不安が渦巻いていた4月初旬の日本。ところが、政府はとにかくできるだけ国民の生活を補償したくない態度が見え見えの愚策ばかり連発していました。

そんな中、「国は自粛要請しています。感染拡大を国のせいにしないでくださいね」と発言した自民党議員がいました。国土交通省の政務官でもある佐々木紀(ささきはじめ)議員、衆院石川２区選出の自民党代議士です。

顔文字付きでツイッターに投稿されたこの愚劣な発言に、批判が殺到。佐々木氏は発言を削除し、「国だけのせいにしないでくださいね」と修正して再発信しました。長期政権で増長した自民党議員の象徴と言えます。

10日目

補償ゼロの自粛要請と一斉休校という兵糧攻めから・・・
自粛要請したんで感染拡大を国のせいにしないでくださいねー
一斉休校（保護者に丸投げ）
※感染拡大防止の休校自体は正しいですからね

お肉券攻撃、マスク二枚攻撃にさらされながらも・・・
ちゅどーん
お肉は撃退!!
そんなんいいから!!
金よこせー!!

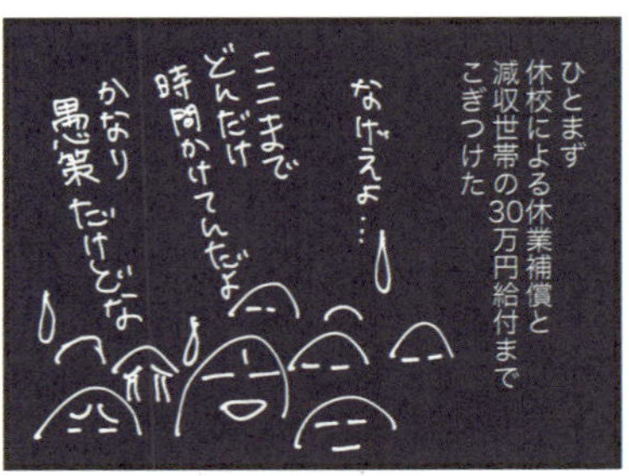
ひとまず休校による休業補償と減収世帯の30万円給付までこぎつけた
なげえよ…
ここまでどんだけ時間かけてんだよ
かなり愚策だけどな

そして「風俗業従事者は対象外」も撃破！
見直しますぅぅぅ
ちゅどーん
ふざけんなー!!
くずがー!!
私たちの声には力があるのだ
これからも大騒ぎしよう！

崩壊まであと90日

政府批判を封じようとする声

安倍政権のコロナ対応に不満の声が高まると、なぜか「みんな大変なのに文句を言うな」「不平不満ばかり口にするな」「誰かを責め立てているのを感じるのはツライ」というような声がSNSで見受けられるようになっていました。

果たしてそうでしょうか？ ローザ・パークスが「白人に席を譲れ」と言ってきたバス運転手に従っていたら、世界はどうなっていたでしょうか？ 彼女が従わず声を上げたことは無意味な「不平不満」だったのでしょうか？ 誰かを責め立てていたのでしょうか？ 違います。なすべきことがなされていない、あきらかに不公正なことがまかり通っている。そんなときに「おかしい」と声を上げるのは主権者として当然のことなのです。

11日目

さて
超基本問題です
次の条件で
30万円が支給される
世帯を答えなさい

給与所得者である場合
月収8万円以内
事業所得者の場合は
売り上げから経費を引いた
月収が3万円以内が
住民税非課税水準
とされていますが

給与所得者の場合
月収20万円が9万円に
下がったとしても
課税水準だからダメ
事業所得者の場合は
月収15万円が7万円に
なった場合でも
課税水準だからダメ
…という
条件が付いていますが
?
?
?

それでは
父親が事業所得で
年収120万円が50万円になり
母親が給与所得で
年収150万円が120万円になった
世帯は対象となるかならないか?
困ってる国民にビタ一文やりたくない
という強固な意志を感じる….
そんなの
わかるかー

崩壊まであと89日

安倍政権の当初給付案のひどさ

先述したように、安倍政権から当初出た、国民への給付案は「条件付きで30万円」というものでした。しかし、その条件は非常に細かく、ややこしいものでした。また、世帯ごと支給のため同じ世帯年収でも人数が少ないほうが、1人あたりの給付額は大きくなったり、「減少幅」で支給されない／しないが変わるため、下手をすれば「世帯の人数」も「減少後の年収」も同じなのに、元の収入が高かった世帯に支給されてしまうなど不公正な制度になっていました。

安倍総理の「お仲間」には大盤振る舞いな一方、広く国民に何かを支給する際には、さまざまな条件を付したり、「不正支給の可能性が」などと強調することは安倍政権の常套手段となっています。

12日目

新型感染症と戦うニューヨークでは
誰かが誰かを非難するなら私を非難せよ
他に責任のある者はいない
クオモ知事がニューヨークだけでなく全米から信頼を集めていた

一方、日本では
私が責任を取ればいいってもんじゃない
堂々の責任拒否宣言
記者の皆さんはつっこまないのだろうか…

さらに善男善女の親衛隊の皆さんが首相を守り
いまは政府を批判するときじゃない
安倍さん頑張ってる批判ばっかりされたら心が折れちゃうよ
「オレはわかってる」軍師様タイプ
いやあ結果的に日本はうまくやってるんだよな

「誰かが誰かを非難」していた
自覚のない若者が悪い
いーや危機感のない高齢者が悪い
いいぞもっとやれ
買いだめけしからんさては転売だな
大家族の買い物ってこんな感じなんですけど
あのお店自粛してないズルい
うわあ…イヤすぎる…

崩壊まであと88日

「責任を取ればいいってもんじゃない」と言った首相

4月7日の会見で、安倍総理は、イタリア人記者からの「日本の対策は一か八かの賭けに思える。失敗したらどうするのか？」という問いに「私が責任を取ればいいというものではありません」と答えたことが全世界に配信されました。

外出禁止令を出す際に「責めるなら私を責めてくれ。他に責任のある者はいない」と言い切ったクオモ州知事とはえらい違いです。「隣の芝は青く見える」──。

昔の人はうまいことを言ったものですが、安倍総理はというと、国民の不安を解消するために粉骨砕身、なにかしていたかというとそうではなく、コロナ禍においても連日連夜、有名人や財界人、お友達の作家と会食を繰り返していたのだから仕方ないでしょう。

13日目

新型ウイルス対策の
防護服が足りない件について
西村経済再生担当大臣は
航空会社の客室乗務員に
縫製をしてもらう方向で
調整している

は？

CAには少ないながら男性もいますが、たぶん
彼らの頭の中はこう

まさか
女性だから裁縫できるよね
みたいなノリで
考えてませんよね…
そもそもタイベックス
のような防護服なら
縫製ではなく超音波溶着だし
人を、仕事を、コロナ対策を
バカにしすぎていませんか？

さすがは戦時中に
女子にパラシュート縫わせたり
女学生を軍需工場に狩り出した
人々の子孫が活躍する政権である
発想が戦前戦中で
無能な人たちにはもう
退場してもらった方が
いいんじゃないですかね？
その時も上層部が無能すぎて
自滅してたし

崩壊まであと87日

「防護服縫製」にCA動員騒動

4月8日、テレビ番組で、西村康稔経済再生担当相が「（新型コロナウイルス対策用防護服確保のため、休業中の）エアラインのCAも手伝うということで申し出があった」と語りました。この発言がネットで大炎上。「女性＝裁縫か？」「縫製職もCAも軽んじている」「戦前的」と猛烈に批判されました。その後、火消し的に「防護服ではなく医療用ガウン」、「政府からの相談を受け、ANAグループとして縫製支援を申し出た」「志願者は男性含めたくさんいた」「クオリティが高く、縫製職人も驚いた」などと報じられましたが、そもそもわざわざ「CAも」と強調するところが彼らのジェンダー観を象徴しているわけなのです。

14日目

安倍首相肝入りの「一世帯布マスク2枚配布」政策
おまえか！
エラくバカにされてるこの話 政府マスクチームで関与した身としては企画の真意が伝わらなすぎて広報がマズすぎてへこむー
削除した本人のfacebookより なんで削除すんのかねー？
経済産業省　浅野大介氏

国民からの大批判に耳をふさぎ配布が開始される見込みだが実はこれ…
やだなー 今どき昔懐かしの「布マスク」なんて作ってないですよー
政府買い上げの形で発注してますって
でも首相自ら昔懐かしのマスクをして
私がしてますこのマスクを
って言ってたんですけど
それともわざわざ発注したのって例のブリーフマスク？
伸縮性のない粗悪品
耳が痛い

第2次「アベノマスク」ショック

小さなマスクを無理してつけてる安倍総理の写真とともに、全世界で失笑の対象となった「アベノマスク」。

そもそも日本は欧米より感染爆発にタイムラグがあったわけです。その間にも経産省は「マスクは生産中でそろそろ市中に出ます」とさんざんアナウンスをしていたのに、その結果出てきたのが、あのガーゼマスクではそりゃ国民もガックリきますって話です。

しかもあれ、当初は466億円かけると言われていたのだから驚きます。

その後6月1日には260億円へと大幅に圧縮できたと報告されましたが、このあとお金の問題だけじゃない衝撃の事実も出てくるわけですが……。

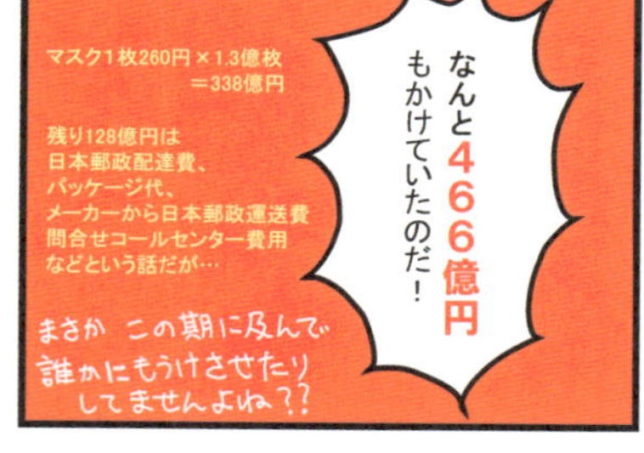
なんと466億円もかけていたのだ！
マスク1枚260円×1.3億枚 ＝338億円
残り128億円は 日本郵政配達費、パッケージ代、メーカーから日本郵政運送費 問合せコールセンター費用 などという話だが…
まさか この期に及んで誰かにもうけさせたりしてませんよね？？

466億円… そのお金で何ができるか…
人工呼吸器増産して 病院のベッドも増やして…
ちなみに安倍政権は官僚の人事権も握っているので いま活躍してるのはやべえのが多いのだ
今からでも中止してこっちに使おうよ!!

崩壊まであと86日

15日目

五輪延期も決まり
コロナ感染拡大による
緊急事態宣言が出る可能性も
高まった3月25日
政権与党の中枢が動いていた
自民党　二階幹事長

不要不急の外出自粛が要請される中
お友達が主催する政治勉強会で講演
テーマは「近頃思うこと」
は？

その「近頃思うこと」とは…
不要不急の外出はいけないとか
集まるのはどうとか
言われてますけど
神経質になってもしょうがない
その「安心して食べて寝られる環境」を
うばってきたのあなたたち
なんですけど
好き嫌いを言わずにご飯を食べて
睡眠さえしておけば少々のことには
人の体は勝ち抜くようにできている

コロナ対策が遅々として
進まないはずである…
もういいから
どっか行け!!
中国からの入国規制が遅かった？
そんなの後からだったら
誰でも言えるんだよね！
とにかく
安倍さんを続投させる
ことが大事

崩壊まであと 85日

コロナ禍でも「安倍総理続投が大事」発言

アーティストや俳優への補償は渋るくせに、みんなを元気づけようとアーティストが発表した楽曲にはフリーライドして大顰蹙を買った安倍晋三総理。

しかし、傲岸不遜で国民のことなどこれっぽっちも考えていないのは安倍総理だけではありません。

なんと、感染拡大が深刻化しつつある中で、政権幹部である二階俊博幹事長は3月25日の講演で「好き嫌いを言わずにご飯を食べて、睡眠さえしておけば少々のことには勝ち抜くように人間の身体はできている」「（安倍総理を）続投させることが大事じゃないかと、国民のほとんどが思っている」と発言、もはや自民党内には自浄能力が一切ないことを示してしまいました。

16日目

相変わらず国民にはビター文出したくないようだが
休業要請協力金の国の検討?
ありませんよ

警察は出していた
歌舞伎町一番街
店の周りをうろつき店に来た客を大勢で取り囲むのだ

補償を出さずに威圧で自粛
いわば
国による兵糧攻めである
兵糧攻めとは…
敵の食糧補給路を断ち欠えさせて弱らせる攻め方
店しめろって生活ど～すんだよ
貯金がどんどんへっていく…
ところでこの警官たち…

警官の皆さんが医療機関で枯渇しているマスクを装着してるように見えたのは気のせいでしょうか
恐るべきムダ使い…
金の振り分け物資の振り分け何から何まで無能政権である

崩壊まであと84日

警察による「自粛要請」という名の威圧

　ようやく1人あたり10万円の給付が決まりそうな気配だった4月半ば。この時点でなんと自民党内にまだ抵抗勢力はいましたが、なんとか補償についても少しずつ各自治体が独自の対応などをし始めていました。このように、安倍政権はどうにも国民にカネを出し渋っていたにもかかわらず、安倍首相は「日本は世界で最も手厚い休業補償」などと自画自賛していました。

　そんな中、歌舞伎町で警察官が「呼びかけ」という名の威圧的行動を行っていることが報じられて話題になりました。

「世界レベルの補償」には疑問符が付きますが、警察の圧力で民間人の外出を抑制する点は、フィリピンやケニア、南アフリカに肩を並べたのは間違いないでしょう。

17日目

現実の自粛生活
収入8割減…
貯金は減るばかり
今月の家賃、いつもよりかかる光熱費、食費…どうしよう…
「自粛」できない人もたくさんいる

安倍総理がイメージする自粛生活
飲み会できなくてつらいー
ネトウヨ本↓ ?

星野さんの動画に無関心ぽく見えるのは、取りまきのアイデアだから?
マリー・アントワネットの「パンがなければお菓子を~」は本人の言葉ではないそうだがこちらは見ての通りだ
今はやりのこのコンテンツに乗っかれば刺さりますよ国民に
しかもタダ!!
※想像図
なんのエモさも感じてなさそうに見えるが…

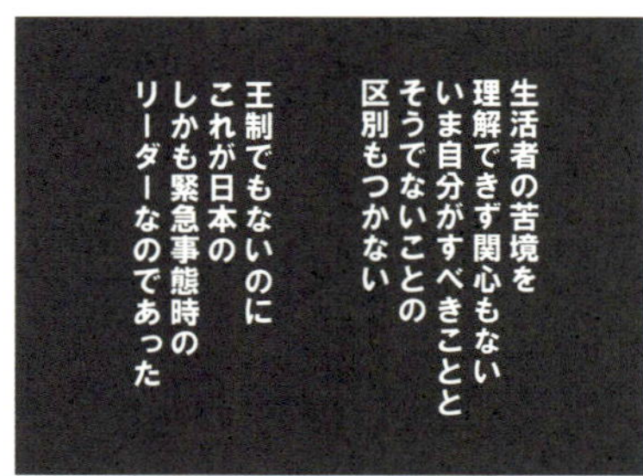

生活者の苦境を
理解できず関心もない
いま自分がすべきことと
そうでないことの
区別もつかない
王制でもないのに
これが日本の
しかも緊急事態時の
リーダーなのであった

崩壊まであと83日

安倍首相流ステイホーム動画の衝撃

世界的なコロナ禍。ニュージーランドのジャシンダ・アーダーン首相はフェイスブックで真摯に国民からの疑問に答え、イスラエルのリブリン大統領はユーチューブで絵本の読み聞かせを公開。医師出身のアイルランドのバラッカー首相(当時)は、なんと首相職と並行して週1で医療現場に復帰することを発表するなど、各国の指導者がリーダーシップとともにユニークな施策でなんとか国民に寄り添おうとしていました。

そんな中、安倍首相は「星野源さんの動画にフリーライドして、紅茶(?)を飲み、犬と戯れる優雅な一時を披露しただけの動画」を披露。これには多くの国民が腰を抜かして、世界中に恥をさらす結果にもなりました。

18日目

人々が新型コロナウイルスで苦しむ中
厚労省アカウントは
相変わらず気を吐いていた！
厚生労働省
ヤフーニュースなど、インターネットニュースサイトで、「補償なき休業要請」との報道があり、外出自粛や出勤者の最低７割減は、休業補償がないと不可能だと報じられていますが、正確ではありません。正しくは以下のとおりです。
2020年4月12日　Twitter Web Client
ちゃんと
補償してるんでー
デマながさないで
くださーい
カタ
カタ

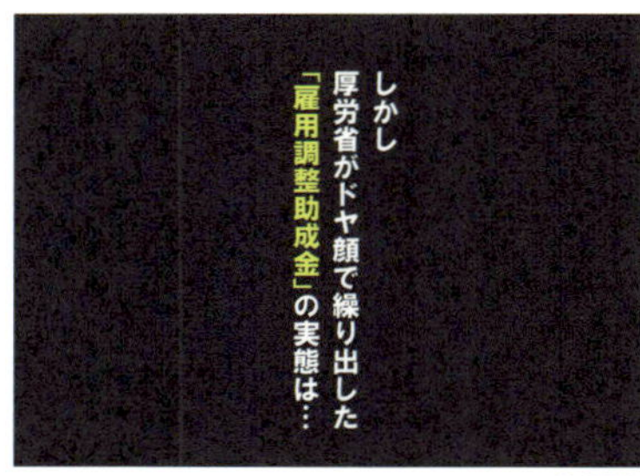
しかし
厚労省がドヤ顔で繰り出した
「雇用調整助成金」の実態は…

18日目

2月に要件緩和して4月3日まで
相談件数約４万7千件のうち！
計画届け申請が２８５９件
申請受理が２１４件
どんどん少なく
なっていくー

そして
支給決定されたのはー
たったの2件ーーー！
相談件数　47000
計画届申請　2859
申請受理　214
支給決定　2

崩壊まであと82日

政府による「戦略的広報」

コロナ禍での対応にSNSで批判が相次ぎ、4月になると支持率が目に見えて下がりました。そのため、ようやく安倍首相も重い腰を上げて、一律現金給付や休業補償策を打ち出してきました。

しかし、この時点では両手をあげて称賛できるものなのか疑問が残るものでした。

そんな中、厚労省のツイッターアカウントが一部報道を批判するという光景が見られました。同時に、内閣府の新型コロナ関連の戦略的広報費として100億円近くが投じられているという話もありました。具体的な策よりPRを優先しているようなこの手法。この後、給付金事業の下請けに絡んで浮上する企業名を考えると、無関係でもないように思えてくるのです。

19日目

ウソをつく
休業に対して補償を行っている国は世界に例がなく
わが国の支援は世界で最も手厚い

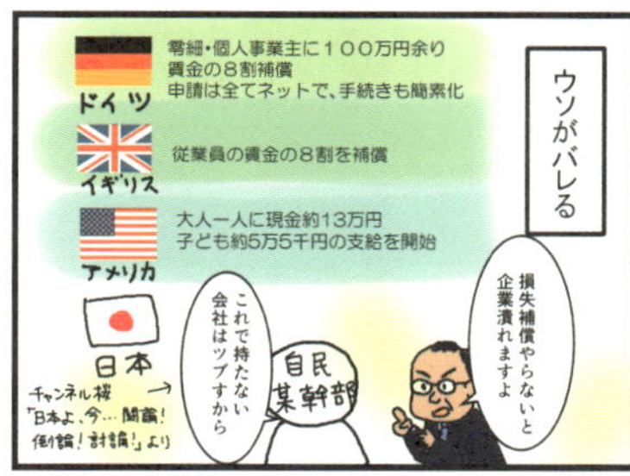

ウソがバレる
ドイツ
零細・個人事業主に100万円余り
賃金の8割補償
申請は全てネットで、手続きも簡素化
イギリス
従業員の賃金の8割を補償
アメリカ
大人一人に現金約13万円
子ども約5万5千円の支給を開始
日本
損失補償やらないと企業潰れますよ
これで持たない会社はツブすから
自民某幹部
チャンネル桜「日本よ、今…闘論！倒論！討論！」より

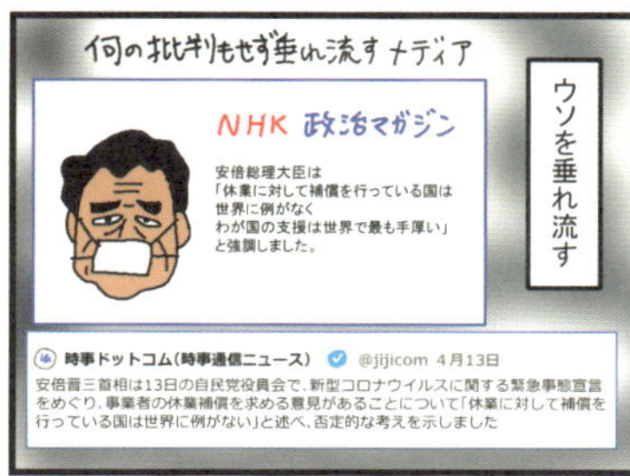

ウソを垂れ流す
何の批判もせず垂れ流すメディア
NHK 政治マガジン
安倍総理大臣は
「休業に対して補償を行っている国は
世界に例がなく
わが国の支援は世界で最も手厚い」
と強調しました。
時事ドットコム（時事通信ニュース） @jijicom 4月13日
安倍晋三首相は13日の自民党役員会で、新型コロナウイルスに関する緊急事態宣言をめぐり、事業者の休業補償を求める意見があることについて「休業に対して補償を行っている国は世界に例がない」と述べ、否定的な考えを示しました

ウソの尻拭いを下に押しつける
これが安倍政権が
ずっとしてきたことである
人々が新型コロナウィルスで苦しむ中
厚労省アカウントは
相変わらず気を吐いていた！
カタ カタ
森友学園事件で
妻や私が関わってたら私は総理大臣をやめますよ
僕の契約相手は国民です！
まっとうな官僚がつぶされていくことに
亡くなった赤木俊夫さん

崩壊まであと81日

無批判に首相の言葉を垂れ流すメディア

支持率低下で苛立ちを隠せなくなってきた4月の安倍政権。この頃になると、新型コロナ対策で後手後手に回って、またぞろいい加減なことやメディアへの「キレ芸」を見せ始めました。

第2次安倍政権発足から7年半。やっていることは何も変わらないのです。

ではなぜこうした政権が7年半も生き延びてきたのかというと、それは首相の言ってることを無批判に垂れ流すどころか、むしろ政府の広報活動に加担しているのではないかと思えるほどに公正さを失った報道をしている報道機関があるからです。

そして思いつきで首相が口にした嘘の尻拭いをさせられるのは末端の役人たちです。

20日目

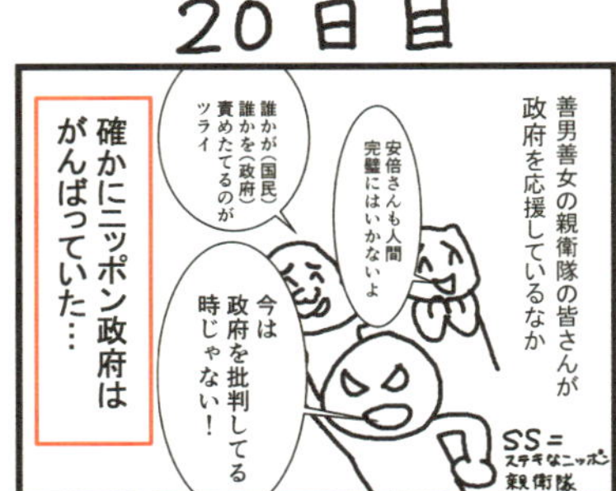
善男善女の親衛隊の皆さんが
政府を応援しているなか
安倍さんも人間
完璧にはいかないよ
誰かが(国民)
誰かを(政府)
責めたてるのが
ツライ
今は
政府を批判してる
時じゃない！
SS＝
ステキなニッポン
親衛隊
確かにニッポン政府は
がんばっていた…

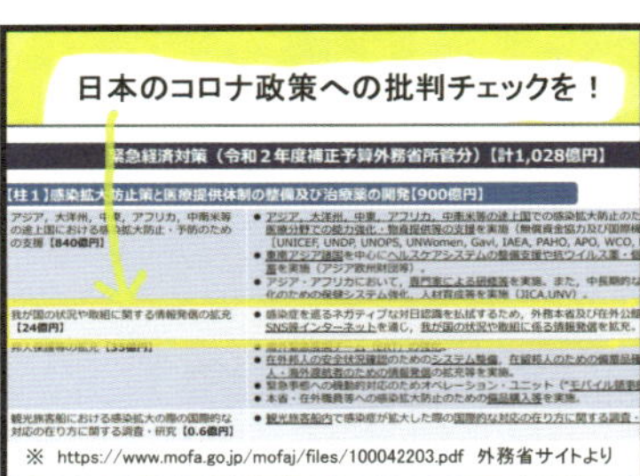
日本のコロナ政策への批判チェックを！
緊急経済対策（令和２年度補正予算外務省所管分）【計1,028億円】
【柱１】感染拡大防止策と医療提供体制の整備及び治療薬の開発【900億円】
アジア，大洋州，中東，アフリカ，中南米等の途上国における感染拡大防止・予防のための支援【840億円】
我が国の状況や取組に関する情報発信の拡充【24億円】
感染症を巡るネガティブな対日認識を払拭するため，外務本省及び在外公館
SNS等インターネットを通じ，我が国の状況や取組に係る情報発信を拡充。
観光旅客船における感染拡大の際の国際的な対応の在り方に関する調査・研究【0.6億円】
※ https://www.mofa.go.jp/mofaj/files/100042203.pdf 外務省サイトより

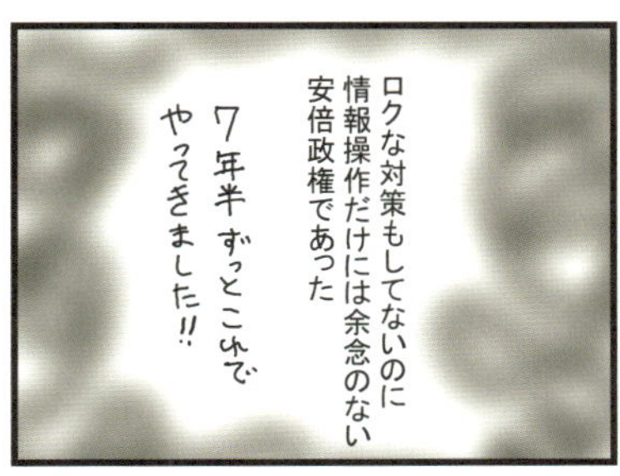
ロクな対策もしてないのに
情報操作だけには余念のない
安倍政権であった
7年半ずっとこれで
やってきました!!

そして、そのこと自体が
海外メディアに報じられるのであった
The Washington Post
@washingtonpost
Japan sets aside $22 million to buff government's global image amid pandemic struggles
Japan sets aside $22 million to buff government's global image amid pandemic s...
Even in time of crisis, Prime Minister Shinzo Abe is obsessed with how his government is viewed by the world
washingtonpost.com
午前0:38 2020年4月16日 SocialFlow
なにこの
ループ感…
これを日本のメディアは
きちんと報道するのだろうか

崩壊まであと80日

日本政府の印象操作、海外紙も報じる

政府対応の遅さなどを批判すると、なぜか政府関係者でもなんでもないはずの「インフルエンサー」が、ツイッターで謎の擁護をするケースはいままでも度々見かけてきました。

そしてついに、外務省などによって、発信されている日本についての情報に批判的なものがないかを監視することに20億円以上もの公費が投入されていることが、ワシントン・ポストにも報じられてしまいました。

もちろん、この20億円と「インフルエンサー」による擁護活動に関係があるとは思いませんが、目の前の危機より政権の印象操作を重視する姿勢は安倍政権が７年半かけて築き上げてきた「安倍メソッド」ともいうものです。

21日目

どんなに極悪無能っぷりを晒しても
支持率は磐石な安倍政権
これでもまだ
40%くらいあんだから
給付とか補償とか
いらないっしょー
支持率39%
…と余裕かましてるのかと思いきや

なんと支持率が
ちょこーんと下がっただけで
一律10万円の
現金給付!
…と言い出した!
あと愚策を批判しまくったのも
効いた!!

不支持の声を上げれば世界は変わる!

日本の民主主義をここまで崩壊させた安倍政権が生きながらえてきた背景に、日本人の政治への無関心があります。

熱心な自民党支持者や、改憲派、あるいはネトウヨなどを、不動の３割として固い支持基盤を作っていますが、実際に日本の投票率の低さからしても、「声を上げても、反対しても何も変わらないし」という諦観に支配された層が一番多いのです。

しかし、今回のコロナ禍において、一筋の光明がさしてきました。それは、和牛券が現金一律給付になったように、国民が「NO」を突きつければ政府も動くということです。特に支持率を異常に気にする安倍政権ならなおのこと。声を出すことが大切なのです。

安倍政権は
国民の命や暮らしには一切関心がないが
支持率にはめちゃくちゃ関心があるのだ
要するに…

支持率を下げれば下げるほど
戻ってくる税金が増えるのだ
支持率20%に下がった!
給付20万円だー!
支持率10%ぉおおお
一律30万円だあああ
しかし油断するとすぐに
国民をナメはじめる政権だ
批判ゆるめずガンガンいきましょー

崩壊まであと 79日

22日目

4月17日首相会見
朝日新聞記者の質問
政府のマスク配布が
批判を浴びてますが
※プロンプター
(かんぺ)↓
ムッ

御社のネットでも
布マスク、3300円で
販売していたそうですが
フフン
出典はネトウヨ
まとめサイト?
朝日新聞が2枚で3300円のぼったくりマスクを販売中!
買っちゃダメだよ!
通販朝日

なんと首相は
政府が466億円も費やした政策への
批判に、新聞社の通販を等価扱いにして
言い返しているつもりなのだ
ちなみに品質はケタ違い
アベノマスクに比べて‥
小さすぎて鼻かアゴが出る
泉大津市の地場産業が
作ったマスクは表裏2層ガーゼ
の間に医療用レベルの脱脂綿と
不織布シートを挟んだ4層構造
これが1枚約1500円は
むしろ安い
首相はキライな新聞社をやゆしたいがために
泉大津市のマスク作りをこわす気なのか

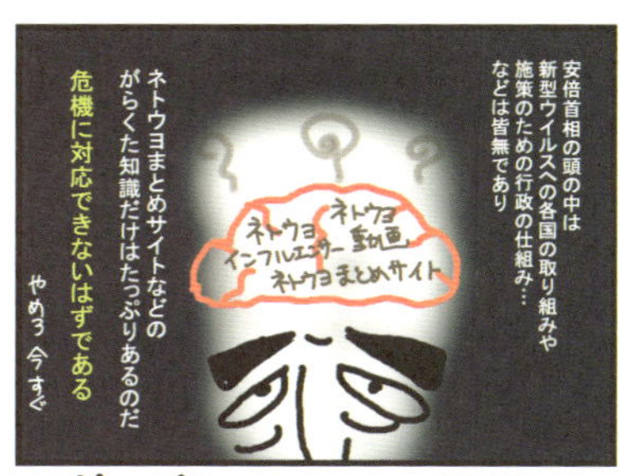
安倍首相の頭の中は
新型ウイルスへの各国の取り組みや
施策のための行政の仕組み…
などは皆無であり
ネトウヨ
ネトウヨ動画
インフルエンサー
ネトウヨまとめサイト
ネトウヨまとめサイトなどの
がらくた知識だけはたっぷりあるのだ
危機に対応できないはずである
やめろ今すぐ

崩壊まであと78日

安倍総理による「まとめサイト」知識の反論

4月17日の首相記者会見で、朝日新聞の記者から「最近では布マスクや星野源さんの動画でも批判を浴びているが、この間の一連の新型コロナの対応について、ご自身でどのように評価しているか」と聞かれた安倍総理、「御社も2枚3300円で販売していた」とムキになって反論したことが話題になりました。

このマスク、大阪府泉大津市の地場産業が丹精込めて作ったものでアベノマスクとは品質が全然違います。

いや、マスクの品質どうこう以前に、記者の質問に対して、感情的にムキになり、ネトウヨ級の知識で稚拙な反論をしてご満悦になる辺り、一国の宰相として甚だ不安になってきます。

23日目

2020年3月15日
首相が国民に警戒を呼びかけたその翌日
キャハハハハ
コロナで予定が全部なくなっちゃったからどこかへ行こうと思って
昭恵夫人は大分に飛んでいた
これは参拝であって観光じゃないからOK

大分で合流したのは夫人が心酔する神ドクターことドクタードルフィン松久正 御一行
88次元のドクタードルフィンから緊急提言！
ガハハハハ
不安と恐怖がウイルスに対する愛と感謝に変わった途端ウイルスは突然喜んで、消え去ります
ノーマスク軍団が大分に!!
ぞろぞろ

コロナウイルスをマスクをして防ぐとか隔離してそれを防ぐとかどれも低次元人類の哀れな姿
ウイルスは必要とされるところで生まれ必要でなくなればパッと消える
ウイルスは人類を次元上昇させる救世主！人類進化のために受け入れるべき
ドクタードルフィンは基本的なウイルス対策をことごとく否定していた…もしかして…
マスクいらない
隔離いらない

日本政府のウイルス対策がながらく野放し状態だったのはまさかこれ？？
※想像図
隔離とか検査とかしても意味ないのよー
ウイルスって学びのためにそれを必要とする人にくるものだから
なんといっても昭恵夫人は政治に直接口を出せる最凶の私人なのだ
科学や法律はわからんけどカルトならわかる人
ニッポン独自のウィルス対策で世界に勝つ!!

崩壊まであと77日

マスクなしで旅行を楽しむ首相夫人

安倍首相が新型コロナウイルスに関する会見を開いた3月14日の会見。国民に3密を避け、警戒するように訴えかけたこの会見の翌日、15日に「大分旅行」を敢行し、日本中から猛批判を受けたのは、安倍昭恵夫人。

花見にしろ大分旅行にしろ、国民には警戒を呼びかける一方で、自由奔放に振る舞う昭恵夫人の姿は「私人」とはいえ目に余るシロモノ。しかも、一部報道によればマスクすらしていなかったんだとか。それもそのはず、昭恵夫人が大分旅行に一緒に行った人物というのは「マスクを強要するのは低次元人類の哀れな姿」などと主張する人物だったのです。昭恵夫人の件を指摘された安倍首相は「3密ではない」と擁護しました。

24日目

圧倒的多数のブーイングをよそに走り出した布マスクプロジェクト
布マスク うちは有り難いですよ
布マスクをありがたがる珍しい人も
中高年男性中心の政権ががんばってくれてるんだしね
実際に送られてきたマスクは…

こんなモノだった
髪の毛混入
黒ずみマスクが
ただでさえ小さいのに
洗うとさらに小さく!
擁護も苦しい!マスクの品質には触れられない
間違いなく言えるのは感染拡大防止貢献で作って下さった方がいるということ
本来人はこうあるべき
政府に不満いえど よくならない
ないよりマシ

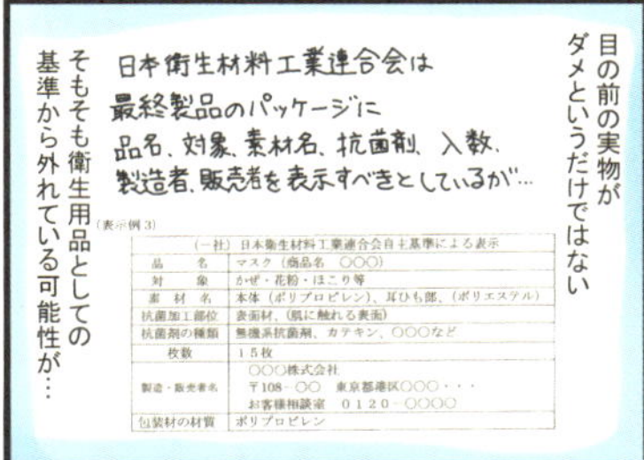

目の前の実物がダメというだけではない
日本衛生材料工業連合会は
最終製品のパッケージに
品名、対象、素材名、抗菌剤、入数、
製造者、販売者を表示すべきとしているが…
そもそも衛生用品としての基準から外れている可能性が…

（表示例3）

（一社）日本衛生材料工業連合会自主基準による表示	
品　　名	マスク（商品名　○○○）
対　　象	かぜ・花粉・ほこり等
素 材 名	本体（ポリプロピレン）、耳ひも部、（ポリエステル）
抗菌加工部位	表面材、（肌に触れる表面）
抗菌剤の種類	無機系抗菌剤、カテキン、○○○など
枚数	15枚
製造・販売者名	○○○株式会社 〒108-○○　東京都港区○○○・・・ お客様相談室　0120-○○○○
包装材の材質	ポリプロピレン

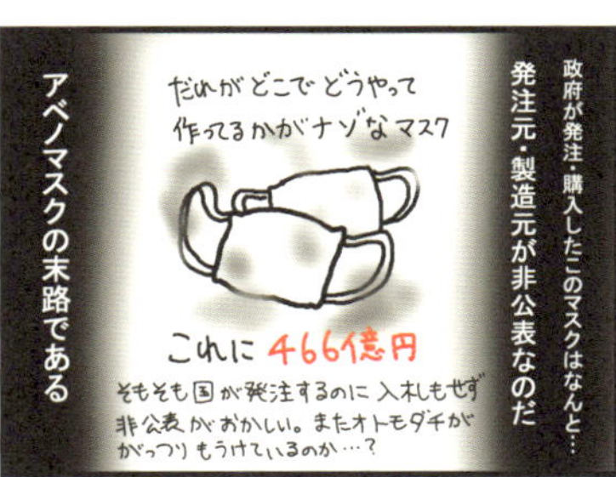

政府が発注・購入したこのマスクはなんと…
発注元・製造元が非公表なのだ
だれがどこでどうやって
作ってるかがナゾなマスク
これに466億円
そもそも国が発注するのに入札もせず
非公表がおかしい。またオトモダチが
がっつりもうけているのか…?
アベノマスクの末路である

崩壊まであと76日

「アベノマスク」続々浮上する疑問

全世界で失笑された「アベノマスク」。この頃になるとようやくぼちぼち配布され始めてきました。しかし、届いたマスクを見た人から、なんと「髪の毛が混入」「黒ずみが……」などという衛生上かなり不安になりそうな報告が続々と寄せられました（その後、虫の死骸などの混入も報告）。

不思議だったのはこのマスク、当初は製造元が非公表とされていたこと。公金を投入して行われる事業で、なぜ非公表なのでしょう？　当然ながら批判され、やっと3社の製造元が明かされましたが、この時点でもなぜか頑なに1社は非公表。さらにその後他にも発注先があったことや、製造元に関して、どうにも怪しげな点がいくつも浮上してきたのです。

25日目

4月も下旬に差しかかったが
医療現場は感染防護具の
枯渇に苦しんでいた
消毒液は
工業エタノールか
度数の高い酒で
代用
ゴーグル再利用
又は
シュノーケリング用
を代用
4/7の会見
医療現場を守るため
あらゆる手を尽くす
N95マスク
再利用
サージカルマスクは
継続使用
医療ガウンは
雨ガッパなどで
代用
4/19
北海道新聞
より

困りに困った地方自治体は
ドドドドドド

国ではなく…
うおおおお
ドドドドド

民間人の実業家である
孫正義さんを頼っていた
孫正義 @masason 4月19日
医療用防護服も１００万枚くらい入手できるかもしれません!!
たった今 前進しました!!
これから詳細を確認します。
孫さん
ぜひ群馬県でも
購入させてください!
福岡市でも
必要です!
愛知県知事です
ぜひ購入させて下さい
大阪府でも
買取させて下さい
…安倍政権って
存在してる意味あるの? むしろ存在が悪

崩壊まであと75日

医療機関に回らぬ感染防護具

4月7日の会見で「医療現場を守るためにあらゆる手を尽くす」と言った安倍総理ですが、4月下旬となった時点で医療現場では防護具が十分に出回っていませんでした。そのため、厚生労働省が4月中旬、使い捨てにせず継続して使ったり、再利用したりするよう促す事務連絡を自治体を通じて各医療機関に出す事態になりました。

その内容は再利用だけじゃなく、不足の場合はゴーグルの代わりにシュノーケリングマスク、医療ガウンは雨合羽で代用などと書かれていました。

アベノマスクに何百億もの公金を投入していながら、医療機関にこうした防護具すらまともに供給できない政府。果たして存在意義はあるのでしょうか?

26日目

この1～2週間が瀬戸際
（2020年2月24日）
ここ1、2週間が極めて重要な時期
（2020年2月27日）
これから1、2週間が急速な拡大に進むか終息できるかの瀬戸際
（2020年2月29日）

まさにですね専門家の皆様からこの1、2週間が感染が急速に拡大するのか収束するのかその瀬戸際であると
（2020年3月3日）
この1、2週間というのはそうならないための1、2週間でありまして…
（2020年3月4日）

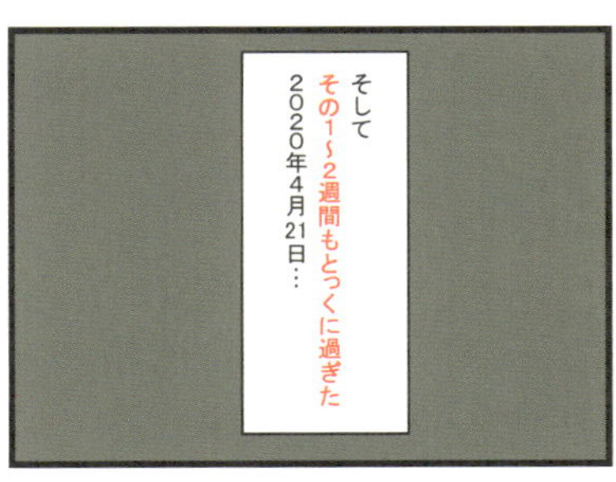
そして
その1～2週間もとっくに過ぎた
2020年4月21日…

世界の中で日本だけが独自の時間軸で動いていた
NHKニュース @nhknews 4月21日
専門家「これから２週間ほどが大きな分かれ道」新型コロナ
安倍政権が続くかぎりこのループから出られないのでは…
永遠の2週間

崩壊まであと74日

ズルズルと引き延ばされた「瀬戸際」

「この１～２週間が瀬戸際」

２月24日に、政府の専門家会議が発言して以来、安倍首相の会見などでも何度も何度も繰り返されて、「瀬戸際」が１日ずつズレていくという事態が起きました。

さすがに最初の発言から何度も繰り返されるので一般人はおろか報道機関からもツッコミが出始めました。時事通信は最初の発言から10日が過ぎた３月５日に「瀬戸際いつまで？」と報じ、最初の発言から２週間が経った翌日３月10日には毎日新聞が「『正念場』っていつなの？」とする記事を出しました。両報道によれば、加藤勝信厚生労働相は３月５日の参院予算委員会でこの点を問われ、「１～２週間というのは『当面』という意味だ」と釈明したそうです。

27日目

一律給付10万円という今までの政治ではあり得なかったことに日本中が慌てふためいていた（特に権力側）
わ、わ、わ、私たちが当初から訴えてきた通り！
当初から→訴えてきた政党は国民民主、れいわ、共産党
←10万給付が決まる前の15日の記事を20日になって持ち出してくる
野党は補正予算の審議を拒否していたあああ 徹底抗戦する相手は与党じゃなくてウイルスううう！
突如、歴史修正に走る人々

なぜか、辞退アピールする面々
そしてこのクソどうでもいいことを速報として流すメディア!!
彼らにとって10万円なんて一晩の飲み代くらいのものでは??

国民への還元に不慣れな政治家たち

「一律10万円給付」が決まると、「自分の手柄」のように言い出す与党議員が登場し始めました。

与党議員ですらないのになぜか一律10万円給付が決まる前に、野党が補正予算審議短縮を拒否したというニュースをツイートして、あたかも野党が一律10万円給付を邪魔しているかのようにミスリードし、日本共産党の宮本徹議員に即座にツッコまれた人もいました。大阪府知事の吉村洋文氏です。

また、閣僚は辞退アピール。

県職員に給付金を県に寄付することを要請（という名の強要）をして批判された広島県知事なんていうのもいました。

どうもこの国の政治家は、国民への給付ということには不慣れなようです。

挙げ句の果てにカツアゲする人まで
広島県職員が国から受け取った10万円を県の財源に
批判されたから撤回！県職員に「寄付を要請」する
※撤回してません 強制から圧力になっただけ
#カツアゲ知事 というハッシュタグが!!

これが正解　堂々と受け取ろう
正直10万くらいで受け取る受け取らないって泰山鳴動とはこのことだよ
みんなもっと国に対して厚かましくなる必要がある
このまま自宅待機がズルズル続けば百万二百万と受け取らないと立ち行かなくなる人がいっぱい出る
日本国民として堂々と要求して堂々と受け取る練習が必要だと思う
@ROOTSY 唐木元さんのツイートより
辞退したところでゴミマスク466億円みたいなのに使われるのだ

政権崩壊まであと73日

28日目

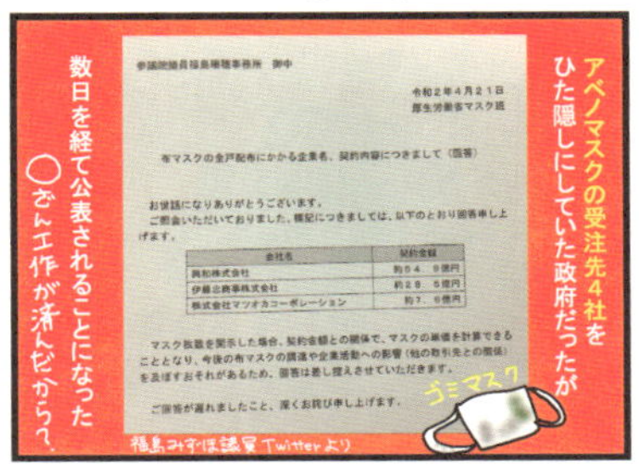
参議院議員福島瑞穂事務所　御中

令和2年4月21日
厚生労働省マスク班

布マスクの全戸配布にかかる企業名、契約内容につきまして（回答）

お世話になりありがとうございます。
ご照会いただいておりました、標記につきましては、以下のとおり回答申し上げます。

会社名	契約金額
興和株式会社	約54．8億円
伊藤忠商事株式会社	約28．5億円
株式会社マツオカコーポレーション	約7．6億円

マスク枚数を開示した場合、契約金額との関係で、マスクの単価を計算できることとなり、今後の布マスクの調達や企業活動への影響（他の取引先との関係）を及ぼすおそれがあるため、回答は差し控えさせていただきます。

ご回答が遅れましたこと、深くお詫び申し上げます。

アベノマスクの受注先4社をひた隠しにしていた政府だったが
数日を経て公表されることになった
○ざん工作が済んだから？
ゴミマスク
福島みずほ議員Twitterより

受注先4社
① 興和(株) 54.8億円
② 伊藤忠(株) 28.5億円
③ (株)マツオカコーポレーション 7.6億円
④ ？ ？
約91億円
アベノマスク 466億円
えーっと公表された3社の合計が約91億円でアベノマスク総額466億円でえーっと…あれ？

まだ差額が375億円もあるやんけええ！
だいたいなんで4社に受注したって言ってたのがなんで3社になってんだよ！
どう考えてもこの隠してる1社がアヤしいだろ！

あのゴミマスクにこれだけの高額なお金…
もしかして日本一いや世界一の転売ヤーがここに…？
ちなみにコロナ禍でのマスク高額あっせんといえばこの人!!
原田義昭前環境相だ

崩壊まであと72日

ますます疑惑が高まるアベノマスクの怪

巨額の公金を投入したにも関わらず、ゴミのような品質のガーゼマスクを配っただけで、受注した企業も契約金額も当初ひた隠しにされていた「アベノマスク」。野党の粘り強い追及でようやく明らかになりましたが、当初4社と言われていたのが3社しか公表されませんでした。しかし、4月27日の会見で菅官房長官から福島県の商社「ユースビオ」、さらに名古屋市で「日本マスク」のブランドで製造、販売を手掛ける「横井定」の名前が後から明らかにされるという事態になりました。

公金を投入する事業で、決定した経緯もいまだはっきりしていません。コロナを利用して私腹を肥やそうとする人がいるのではと疑惑が高まる一幕でした。

29日目

新型コロナの感染が拡大し始めたころ日本では謎の専門家集団が大活躍していた
コロナ専門家
全世代のみなさまに
いま、拡散してほしいこと
専門家の説明責任と市民の行動変容
〜「専門家有志の会」の全世代に向けたコミュニケーシ

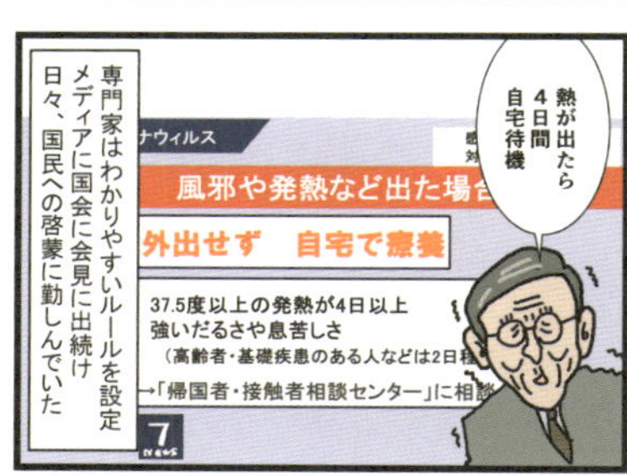
熱が出たら4日間自宅待機
専門家はわかりやすいルールを設定メディアに国会に会見に出続け日々、国民への啓蒙に勤しんでいた
ナウィルス
風邪や発熱など出た場合
外出せず　自宅で療養
37.5度以上の発熱が4日以上
強いだるさや息苦しさ
(高齢者・基礎疾患のある人などは2日程
→「帰国者・接触者相談センター」に相談

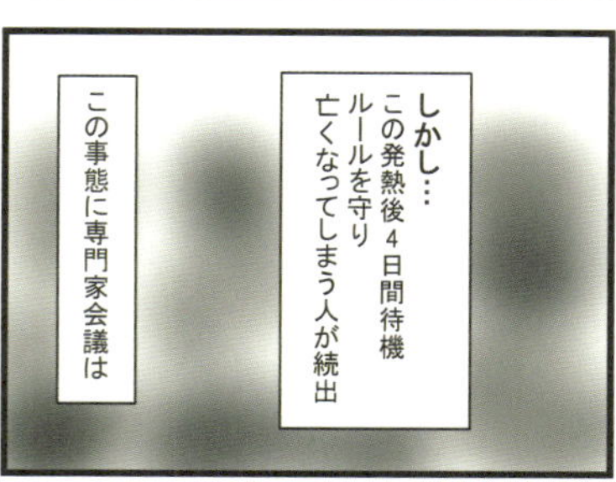
しかし…この発熱後4日間待機ルールを守り亡くなってしまう人が続出
この事態に専門家会議は

大胆な歴史修正を行っていた！
4/22 専門家会議会見より
熱が出ても4日間自宅で我慢しろと言ったわけではなく
ふだん病院行かない人でも4日も熱が続くならぜひ受診して下さいという意味で言ったのに
逆に受け取られた！
市民に行動変容を要請する一方、自分たちは言動変容か

崩壊まであと71日

「4日間待機」が招いた死

4月中頃から、COVID-19の感染が確認されたものの軽症と診断され、自宅待機をしている最中に体調が急変、死に至るというケースが報道され始めました。4月23日に亡くなった女優の岡江久美子さんも、自宅待機中に容態が急変して亡くなったと言われています。

この背景には、「発熱から4日」は、自宅待機させ検査を受けさせないという日本独自の「4日待機」ルールを専門家会議が決定し、推奨していたということがあります。この点に批判が集まると、専門家会議の構成員で、日本医師会常任理事の釜萢敏氏は会見で「違う意味に取られた」と、まるで「誤解するほうが悪い」とでも言いたげな言葉を放ったのでした。

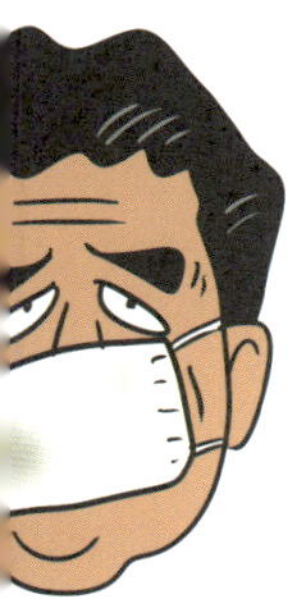

30日目

日本で感染拡大が止まらない一方
韓国ではコロナ対策が功を奏し
日常が戻りつつあった

充実したPCR検査や隔離体制は
各国のモデルとなり
文大統領はコロナ対策について
各国首脳と会談した
ウォークスルー&
ドライブスルー検査
隔離者に送られる食品&衛生セット
카레
翻って日本では…

各国が韓国に協力要請する
流れになんて与せず
「ある意・味」な!
実はいま日本は
世界的な注目を
集めているんです
チャレンジとかいらないんよ
ふつうにやって!!
歴史的なチャレンジを
我々は行っている
独自の道を
突き進んでいた!

嫌韓を煽ってきた安倍政権のメンツが
命より優先されているのだ
4/20「韓国首相
日米へマスク支援検討」
(日経)
↓
4/21「安倍首相 靖国に供物
奉納 韓国政府深い失望と遺憾」
(聯合ニュース)
フフン
後になって徴用工問題や
輸出規制で譲歩を
迫られかねないからな
韓国のやり方にだって
批判はたくさん出ている
韓国のPCRキットは
精度が悪い!
政権幹部の皆さん
今からでも
協力たのめ!!
愚かな嫌韓政策の末路である

崩壊まであと70日

嫌韓で国を滅ぼす安倍政権

韓国の新型コロナ対策は、当初こそ新興宗教団体でクラスターが発生して、一気に感染者が増えましたが、その後徹底したPCR検査と隔離体制を敷き、各国が「対策のモデル」として参考にするほど充実したものとなっています。

しかし、日本はそのコロナ対策について、海外メディアなどを見てもほとんど評価しているところがないにも関わらず、専門家会議やそれを報じるメディアもなぜか「世界が注目している」などと自画自賛に終始するだけ。

日本が頑なにPCR検査拡充に踏み切らないのも、先にそれをやって成功した韓国への対抗心があるのではという話すらあります。愚かな嫌韓で国が滅びては元も子もないと思うのですが……。

31日目

ごく一部の国民から大好評を受けて走り出したアベノマスクプロジェクト
大成功！布マスク配布で紙マスクが暴落し出回る！ありがとう安倍政権！
←??→
マスク2枚配布は首相会見の全文を読んで反応すべき
医療機関にサージカルマスクを集中させそれ以外は布マスクで対応という方向
わははははは

その後の展開は
マスク予算466億円が叩かれたとたんに90億円に変化
90億円に収まりましたぁ てへぺろ
466億−90億=376億円が流れこむところだったの??
マスク受注企業4社のうち1社の公開をかたくなに拒否
……
ゴミマスク回収へ

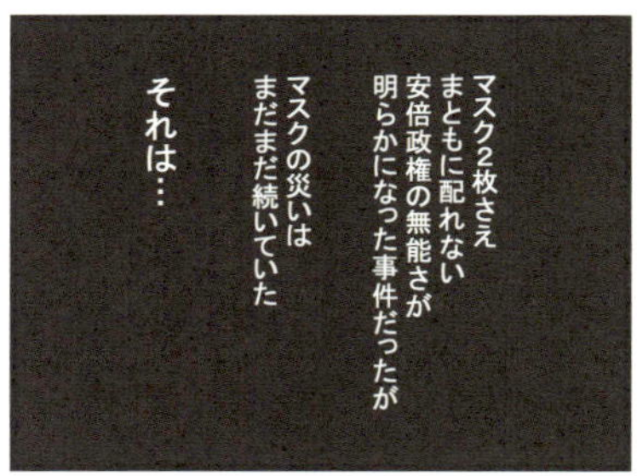
マスク2枚さえまともに配れない安倍政権の無能さが明らかになった事件だったが
マスクの災いはまだまだ続いていた
それは…

コロナ対応で疲弊している保健所にマスクの検品をさせていた
安倍政権が続くかぎりお金も人材も何もかもが全てがムダに消費されていくのだ

崩壊まであと69日

「アベノマスク」擁護論の愚

低クオリティなアベノマスクに、ツイッターなどでは、「政権応援団」によるアクロバティックな擁護が展開されました。

また、安倍総理似のマスク姿とともに「アベノマスク」との文字が書かれただけのイラストを漫画家が描いただけで、「もうファンじゃありません」「最低です」などの批判が飛ぶという異常な事態も起きました。しかし、批判を封じ込めようとしても次から次へとダメな点が出てくる一方でした。

「アベノマスク」最大のデメリットは、激務に追われる保健所などの現場に、低品質マスクの検品作業にリソースを割かせるというこれ以上ない無駄をした点です。もはや対策というより邪魔をしているだけの愚策なのでした。

32日目

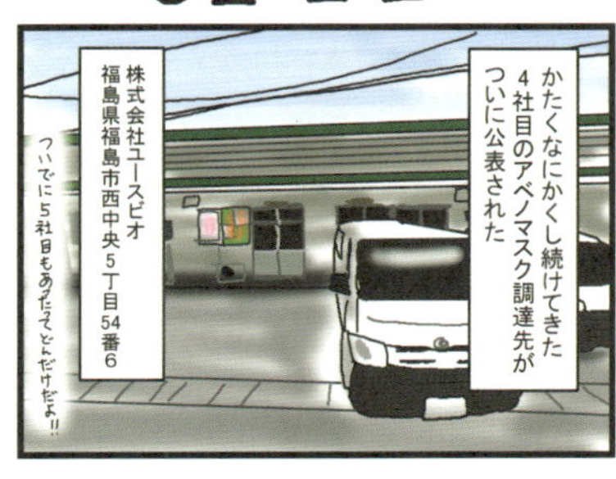
かたくなにかくし続けてきた
4社目のアベノマスク調達先が
ついに公表された
株式会社ユースビオ
福島県福島市西中央5丁目54番6
ついでに5社目もあったてどんだけだよ!!

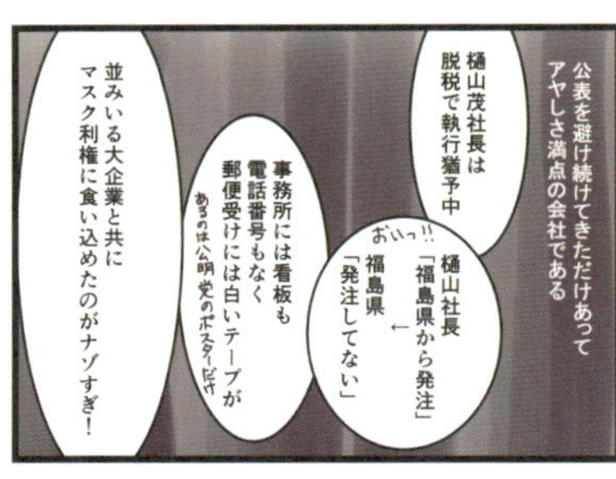
公表を避け続けてきただけあって
アヤしさ満点の会社である
樋山茂社長は
脱税で執行猶予中
樋山社長
「福島県から発注」
←
福島県
「発注してない」
おいっ!!
事務所には看板も
電話番号もなく
郵便受けには白いテープが
あるのは公明党のポスターだけ
並みいる大企業と共に
マスク利権に食い込めたのがナゾすぎ！

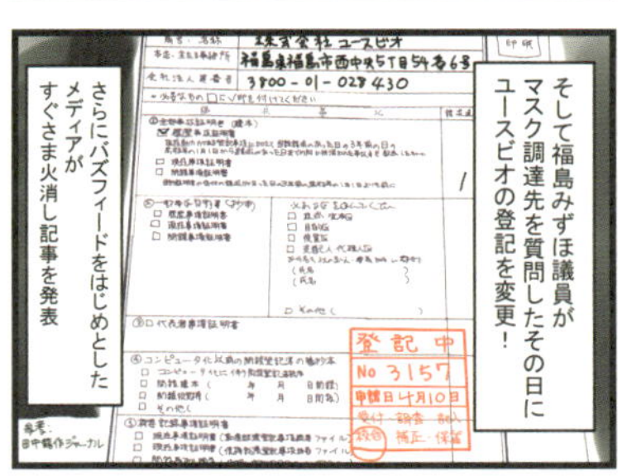
そして福島みずほ議員が
マスク調達先を質問したその日に
ユースビオの登記を変更！
さらにバズフィードをはじめとした
メディアが
すぐさま火消し記事を発表
株式会社ユースビオ
福島県福島市西中央5丁目54番6号
3800-01-028430
登記中
No 3157

まさに
スピード感重視の安倍政権
まさに、スピード感を、もって、
え、対策に、あたる
ただし、その
スピード感が発揮されるのは
隠ぺいと改ざんのみである

崩壊まであと68日

実績のない企業に発注の謎

4月27日、アベノマスク受注企業で隠されていた2社の名前がようやく公表されました。

全6社となった受注企業のうち、契約額は興和が最多の76.3億円でしたが、第2位が伊藤忠商事を凌ぐ31.8億円で契約していたユースビオというマスク関連事業の実績がない木質ペレットの輸入会社。

そして、不思議なことに官房長官の発表から間を置かずユースビオ社長のインタビューがネットメディアに即座に掲載されました。

契約や、同社の業務内容と矛盾や不自然な登記変更など、おかしな点は各所で指摘されていますが、少なくとも実績もない会社が伊藤忠商事を凌ぐ金額を受注していたことへの説明がなされるべきなのは言うまでもありません。

33日目

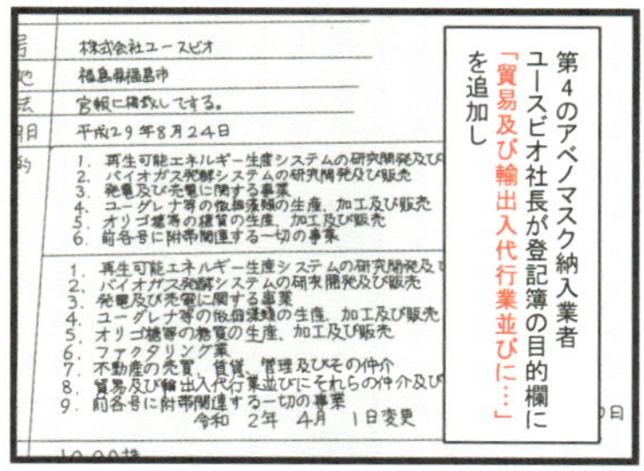
第4のアベノマスク納入業者ユースビオ社長が登記簿の目的欄に「貿易及び輸出入代行業並びに…」を追加し
株式会社ユースビオ
福島県福島市
官報に掲載してする。
平成29年8月24日
1. 再生可能エネルギー生産システムの研究開発及び
2. バイオガス発酵システムの研究開発及び販売
3. 発電及び売電に関する事業
4. ユーグレナ等の微細藻類の生産、加工及び販売
5. オリゴ糖等の糖質の生産、加工及び販売
6. 前各号に附帯関連する一切の事業
1. 再生可能エネルギー生産システムの研究開発及び
2. バイオガス発酵システムの研究開発及び販売
3. 発電及び売電に関する事業
4. ユーグレナ等の微細藻類の生産、加工及び販売
5. オリゴ糖等の糖質の生産、加工及び販売
6. ファクタリング業
7. 不動産の売買、賃貸、管理及びその仲介
8. 貿易及び輸出入代行業並びにそれらの仲介及び
9. 前各号に附帯関連する一切の事業
令和 2年 4月 1日変更

メディア対応にと奔走していた頃…
マスクはうちが輸入したよ
うちは輸入業者だからね

国会では…
ユースビオは輸出入業務を行っていた、これ本当ですか？
アベノマスクつけてみたけど小さいっすね
定款ではマスクを作る、輸出入する一切ありません
それどころか4月に行った変更登記で「貿易及び輸出入代行業並び（略）」加わった

ユースビオ社長のはしごが外されていた
この緊急事態にまたこんな茶番始める気か
ユースビオは布の調達とか納品時期の調整とかで
輸入したのはシマトレーディング
第2のカゴイケさんにならないよう祈ります….

崩壊まであと67日

不透明すぎる受注業者の怪

企業名公表後、メディア対応をしていたユースビオ社長。彼はベトナムにマスクが大量にあったため、「布マスクを現地に発注して輸入し」（NHK）とか、「うちは輸入業者」（『週刊朝日』）と語っていた。そんな中、4月28日の衆院予算委員会で、立憲民主党の大串博志議員は「マスクを作る、輸出入するとは定款に一切ないが、4月に入って定款変更の届け出をしている」として不自然な点を問い質した。すると、加藤厚労相は「ユースビオは布の調達や納品時期調整。輸入したのはシマトレーディング」とここに来て「新キャラ」が登場するという事態に。森友事件でも、最初の小さな嘘を守るため、嘘を重ねてきた安倍政権。再び繰り返すのでしょうか？

34日目

2020年4月29日　参院予算委員会
いったい日本の感染状況どれくらいなんですか？
感染状況が緊急事態宣言を延長するか解除するかの一つの要素だってさっき言ってましたよね
感染状況、実はわからないのでは？
国民民主党　森ゆうこ議員

キレる安倍首相
そんな、そんな質問するなんて聞いてなくて、ですね
ほら、ここに、書いてあるのは緊急、事態、宣言、を、解除、延長する、判断基準を明確にされたいって…

さらにキレる安倍首相
い、今、質問されている通告に、ついては、されていないと、まず、申し上げて、おきたい
それはそうですよ、だって、だってこ、これに、これに書いてないじゃ、ないですか
国会でコロナ感染状況を聞かれ「事前通告受けてない」とキレだす首相も珍しいだろう

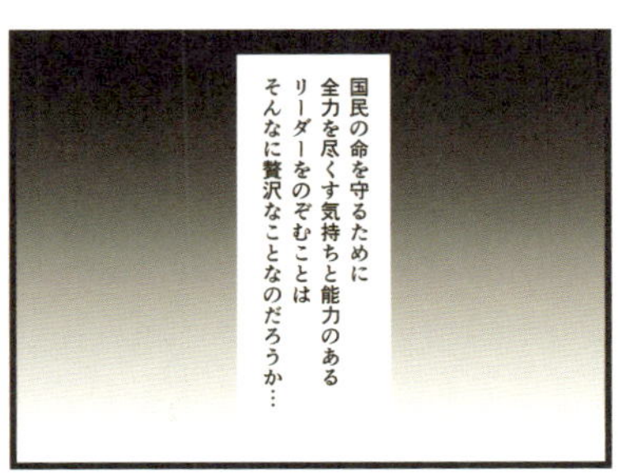
国民の命を守るために全力を尽くす気持ちと能力のあるリーダーをのぞむことはそんなに贅沢なことなのだろうか…

崩壊まであと66日目

感染状況すら答えられなかった安倍総理

不都合なことを追及されると感情的になる安倍総理。コロナ禍の国会答弁においても同様でした。

４月29日の参議院予算委員会で国民民主党の森ゆうこ議員が、緊急事態宣言の延長か解除を決める要素として感染状況があるという安倍総理に対して「今現在、感染状況はどれくらいか？」と、至極当たり前の質問をしたときに起きました。安倍首相は即答できずに1分以上答えに窮し、ようやく口を開いたと思ったら「質問の通告はされていない。だって、こ、これ（質問通告が書かれた書類）に書いてないじゃないですかぁ」と逆ギレしたのです。

惨めに狼狽し、逆ギレする様は、感染者数を把握していない点以上に衝撃的でした。

35日目

2020年4月30日　参院予算委員会
もうだめだ…
病院は患者減で収入減のうえ
コロナ患者受け入れの
負担増で資金難に
6月には資金がショートして
病院がバタバタつぶれるかも
共産党　小池晃議員

でも、災害時のように
実績の概算で
医療保険からの支払いを認めれば
前年の報酬額が
タイムラグなしに入ってくる
医療従事者が安心できる
日本医師会・四病協から要望書が
今まで以上に金を出すんじゃなく
今までの実績で概算であると
極めて合理的なやり方じゃないですか

あの一災害のときはですね
レセプトコンピューターが
損傷してるから
やむを得ず認めてるだけで(笑)
は？
今回は別に
コンピューター
壊れてないんでえ(笑)
あの、ただ、いま、これをですね、かつての、その震災とは、ですね、これはあのいわば事情が大きく違うということで、ございまして
だから融資を、ですね、受ければ
加藤勝信　厚生労働大臣

日本を医療崩壊させてたのは
パチンコ業界でもなく
ライブハウスでもなく
安倍政権だったのではないか…
毎月億単位の損失なのに
百万、二百万の
持続化給付金で済む話
じゃないんですよ！
医療機関
バタバタつぶれたら
感染対策できないじゃないですか
怒りのアキラ

崩壊まであと65日

困窮する病院を救わない安倍政権

4月24日付東京新聞に全日本病院協会(全日病)の猪口雄二会長が、新型コロナの影響で患者が激減しており、6月には多くの病院が資金ショートする可能性があると語ったという記事を報じました。

日本共産党の小池晃議員は、4月30日の参院予算委員会で日本医師会や前出の全日病を含む四病院団体協議会が、災害時と同様に前年度の診療報酬支払額に基づく概算請求を認めてほしいとする要望書を出していることをあげ、「最低限の要望をしっかり受け止めるべきだ」と主張しました。これに対して、安倍首相も加藤厚労相も「難しいと思う」「災害時とは違う」と、木で鼻をくくったような答弁をするだけでした。医療崩壊を招いているのは誰なのでしょうか？

36日目

あの
高齢者は歩かない！
などの迷言でおなじみ
政権与党のヤジ要員
ちなみに、蓮舫議員の
高齢者施設へのコロナ対策の
質問を否定するヤジです

自民党の松川るい先生が
不要な外出は
最前線で戦う医療従事者の
必死の努力を無にするもの
…と、ブログで
国民に恫喝呼びかけていたが

ご自身は靖国神社に
不要不急の外出をしていた
政治家なら
「緊急事態宣言を延長せざるを
得なくなった失政の検証」
でもしたらどうか

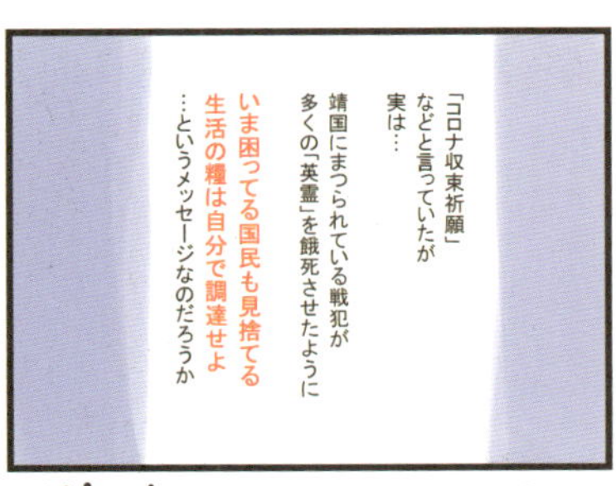
「コロナ収束祈願」
などと言っていたが
実は…
靖国にまつられている戦犯が
多くの「英霊」を餓死させたように
いま困ってる国民も見捨てる
生活の糧は自分で調達せよ
…というメッセージなのだろうか

崩壊まであと64日

不要不急の神頼みをしていた自民党議員

新型コロナの脅威が始まりつつあった3月2日、参院予算委員会で、高齢者施設の対策強化を求めた立憲民主党の蓮舫氏の質問の際に、「高齢者は歩かない」などとヤジを飛ばしたのは自民党の松川るい議員。

この松川議員、4月22日にはブログで「不要な外出は最前線で戦う医療従事者の必死の努力を無にするもの」と訴えていました。

ところが、ブログでこう書いた1週間後の29日、松川議員は「昨日は稲田代行らと靖国神社にコロナ収束祈願にまいりました。今日は、これから予算委です。」と写真付きでツイート。緊急事態宣言真っ最中に、不要不急の神社参拝。自分の外出は特別なものだとでも思っているのでしょうか。

37日目 憲法記念日 特別編①

※フキダシの配置上、ボケとツッコミの位置を逆にしています

あ～
ありがとうございます～
いま竹ヤリと布マスクを
頂きました～
こんなん
なんぼあっても
いいですからね～

うちのおかんが大好きな
最強の法律を
忘れてしまったんや
そんな大好きなのを
忘れてしまうって
どういうこと？

日本で
太平洋戦争が終わって
もう二度と戦争しませんって
誓った法律やねんて
そら日本国憲法やないか～
戦争しないどころか
戦力も持たないって
書いてあるからね

天皇も
総理大臣も
裁判官も
この法律に従わなきゃ
いけないんやて
そら日本国憲法やないか
そう
国民を律するのが法律で
権力者の横暴を許さんのが
憲法なんよ

←その②へつづく

コロナ禍でも改憲に執着する安倍首相

コロナ禍の緊急事態宣言で国民が生活を犠牲にしている中、5月3日の憲法記念日に安倍首相は、日本会議が主導し、櫻井よしこ氏が共同代表を務める「美しい日本の憲法をつくる国民の会」らが開催した「5.3憲法フォーラム」にビデオメッセージを寄せました。

そのメッセージでは、コロナ対策を後手後手で批判されているにもかかわらず、「憲法改正への挑戦は決してたやすい道ではありませんが、必ずや、皆さんと共になし遂げていく」などと改憲への執着をあらわにし、さらにはコロナ禍をダシにして「緊急事態条項」の議論を呼びかけるなど、現実的に苦境に立たされる国民の生活よりも、改憲を重視しているような姿勢が明らかになりました。

憲法記念日②

でもな おかんが言うには 家柄とか官僚とか 金持ちとかが 優遇されるんやて
○○家
そら 日本国憲法ちゃうわ〜 憲法様の前では 法の下にみんな平等なのよ
でもな おかんが言うには 最強の法律は 総理の奥さんなんやて
キャハハハ
そら日本国憲法ちゃうわ〜
確かにアキエの行動力に対抗できる 法律も官僚も軍隊もあらへんのよ
総理でさえも絶対不可侵 あればっかりは 誰もコントロールしたらあかん
でもな 総理や与党は 昔の法律やし 外国製やから 改正するとか 言うとるやんか
そら 日本国憲法やないか
自分たちを縛る法律やから なんとしても 変えたくなるんやな
ゴキブリホイホイに 捕まった連中がもがくのと 一緒なのよ
でもな おとんが言うには 般若心経ちゃうかって
絶対ちゃうやろー もうえぇわー！

崩壊まであと63日

38日目

2020年5月3日 憲法記念日
改憲したい
ながいから だいぶはしょりました
改憲したら 緊急事態条項入れて 自衛隊も入れて…
コロナにも 対応できるし

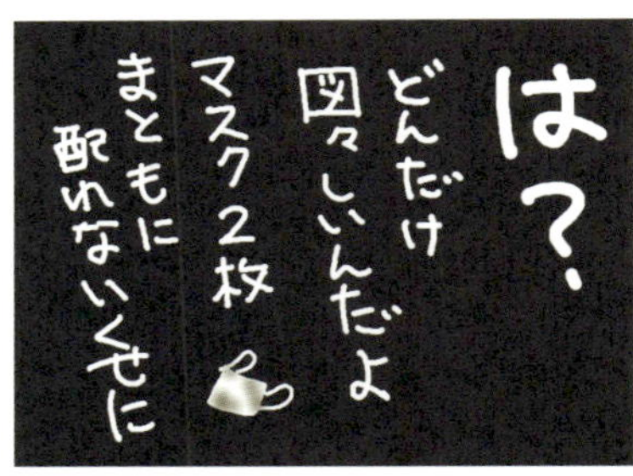
は？
どんだけ 図々しいんだよ
マスク2枚 まともに 配れないくせに

「緊急事態条項」のヤバさの実証例、安倍首相

憲法記念日に改憲への執着をあらわにした安倍首相。彼や改憲派がもっともこだわるのは、国家の緊急事態に際して、国民の人権を抑制して国家が大幅に権力を握ることを可能にする緊急事態条項です。

では、今回の新型コロナ禍において、安倍首相は初動段階で何をしていたのでしょう？

コロナ対策や専門家会議への出席は数分で済ませ、お仲間やマスコミ幹部との会食をしていましたね。さらに、種苗法、検察庁法（これらはストップできましたが）など、火事場泥棒的に次々と悪法を可決させていました。

彼の行動は「緊急事態という大義名分で国家に好き放題やらせると国民には不利益ばかり」という好例なのです。

だいたい 全力でコロナ対応すべき時に 安倍政権が何してたかというと…
オトモダチや マスコミ幹部と 会食
年金75才スタート 法案
年金
種苗法改悪
検察庁法改悪

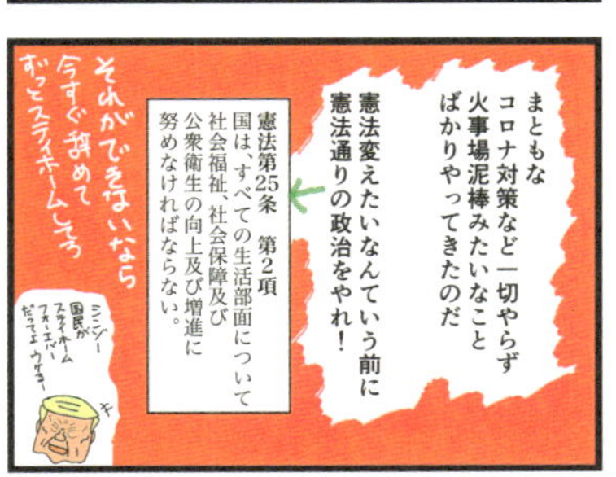
まともな コロナ対策など一切やらず 火事場泥棒みたいなこと ばかりやってきたのだ
憲法変えたいなんていう前に 憲法通りの政治をやれ！
憲法第25条 第2項 国は、すべての生活部面について 社会福祉、社会保障及び 公衆衛生の向上及び増進に 努めなければならない。
それができないなら 今すぐ辞めて ずっとステイホームしてろ
シンゾー 国民が ステイホーム フォーエバー だってよ ウケる―

崩壊まであと62日

39日目

2020年5月4日　首相会見
持続化給付金について
最速で5月の8日に
というところを
ヘラヘラ
ま、わたくし8月にって
申し上げましたが
生きるか死ぬかの思いで
聞いてるのに……

会見はいつものように
ふざけたものだったが…
知的障害や発達障害の
子供たちに対しての
行動指針を政府として
お示しになるか
え、それについては、
まさに、ですね、
尾身先生、どうぞ
えーオレにきくのそれ～って
それは施設によって
それぞれ違いますから
この場で全部言えと
言われてもですね
フリー大川豊氏の質問

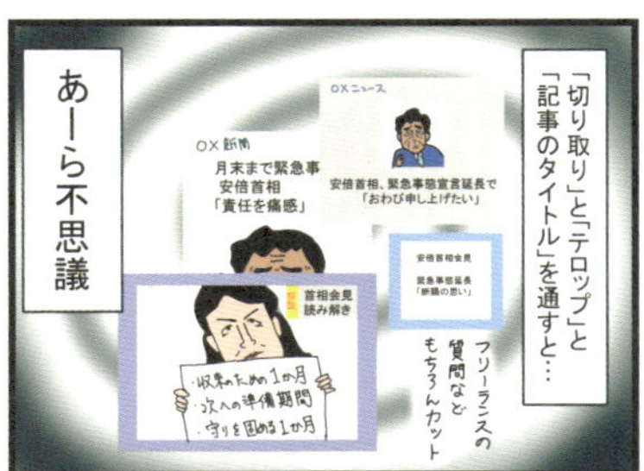
「切り取り」と「テロップ」を通すと…
あーら不思議
OXニュース
安倍首相、緊急事態宣言延長で「おわび申し上げたい」
OX新聞
月末まで緊急事
安倍首相
「責任を痛感」
首相会見読み解き
・収束のための1か月
・次への準備期間
・守りを固める1か月
フリーランスの
質問など
もちろんカット

そこそこ
まともにやってるように
見えるのだ！
ニュース
安倍首相会見
「コロナ時代の新たな日常」
安倍首相が会見で
国民に陳謝しました
長期政権の大きな要因である

崩壊まであと61日

原稿読むだけだった首相会見

コロナ禍において安倍首相は何度か首相会見を行ってきました。

しかし、この首相会見、実際は毎度の如く、プロンプター（原稿映写機）で事前原稿を読み上げるだけ。しかもその内容は、「終息に向けた道を着実に前進している」「国民の行動は（悲観的な）未来を確実に変えつつある」といった言葉は出るものの、何をもって「着実」で「確実」なのか何も示さない、言葉だけの空虚なものでした。しかも、5月4日の首相会見では、自身が精一杯アピールしていた持続化給付金については、書いてある原稿を読み間違え、その間違いにすら気付かない有り様。いかに「原稿を読んでいるだけ」なのかを図らずも露呈してしまったのでした。

40日目

学校の休校が続き
9月入学や
9月からのカリキュラムを導入するとか

ネットやTVを活用した
遠隔授業を本格活用するとか

スピード感をもって
政府が動き出すときには
まさに、ですね、え、
スピード感を、もって

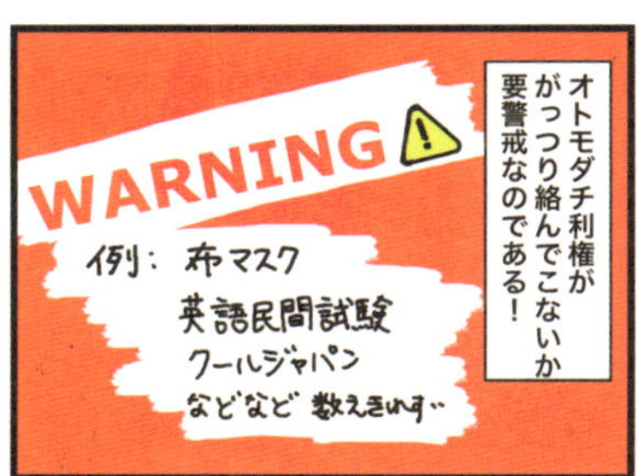
オトモダチ利権が
がっつり絡んでこないか
要警戒なのである！
WARNING
例：布マスク
英語民間試験
クールジャパン
などなど 数えきれず

崩壊まであと60日

1か月で見送られた「9月入学」導入議論

4月下旬くらいから浮上し始めた「9月入学」導入。当初は与党も慎重と報じられていましたが、29日に安倍首相が衆院予算委員会で可能性を探る考えを示すと、与党の方向性が定まったのか方向転換。5月1日には具体化検討、8日には政府が本格的な検討に入ったと報じられました。その後、11日にはワーキングチームが設置、12日には同チームの初会合、15日には内閣官房に次官級チームが設置されるなど迅速な進展を見せました。

しかし、これらは教育現場のことを考慮せず、安倍首相自身が功を焦ってなのか拙速な進め方に専門家や党内外からも批判が噴出。結果、27日には見送り調整が決まるという、迅速すぎる結末を迎えました。

41日目

安倍政権が断腸の思いで決めた一律10万円給付
なんであんなヤツらに10万もやんなきゃいけないんだよ
国民はテキなのだ！
アイツらオレがリーマン後に1万2千円恵んでやった恩も忘れてるからな
※公金はこの人たちのお金ではありません

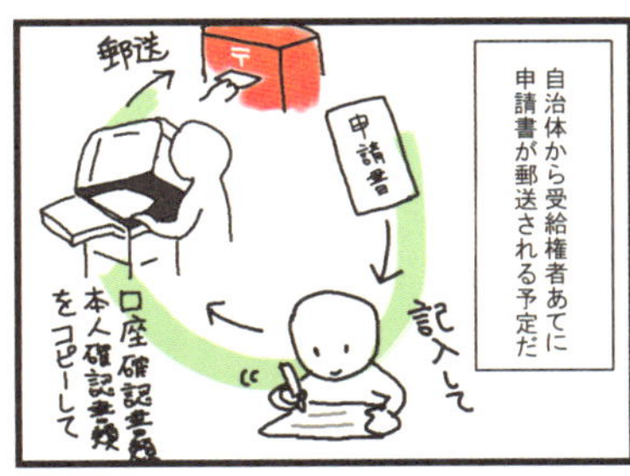
自治体から受給権者あてに申請書が郵送される予定だ
申請書
記入して
口座確認書類本人確認書類をコピーして
郵送

あれからだいぶ経つが…
なにか役所からの郵便物っぽいものが…
もしかして!?
POST

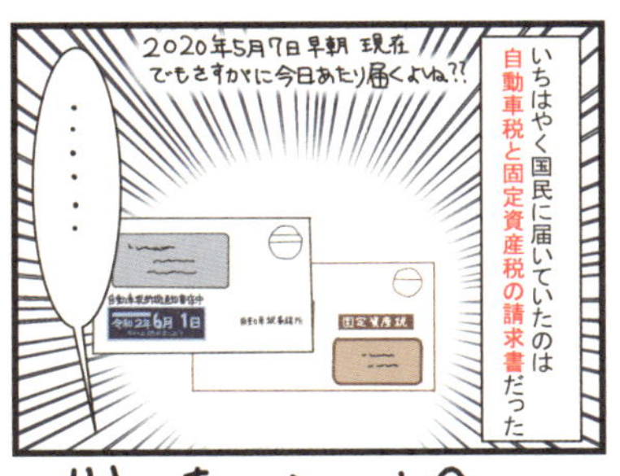
いちはやく国民に届いていたのは自動車税と固定資産税の請求書だった
2020年5月7日早朝 現在
でもさすがに今日あたり届くよね?!
……
固定資産税

崩壊まであと59日

トラブル続発の10万円給付

安倍政権が渋々決めた10万円の特別定額給付金。もともとは和牛券などを提案し、野党の突き上げでやっとのことで渋々決めたとはいえ、10万円を一律給付という今までにない施策は、コロナ禍の休業や失業などで困窮する国民にはありがたくはありました。

しかし、いざ決まってみるとこれがまたトラブル続き。オンライン申請ではシステム遅延、オンライン申請のために役所の窓口が混雑、オンラインなのに自動入力すらできないための申請不備、申請データの手作業突き合わせなどで作業遅延……などなど。郵送でも自治体によっては申請書が着くまでに時間がかかり、申請してから給付までも時間がかかるという有り様でした。

42日目

2020年5月6日
安倍首相がホームグラウンドである
ニコニコ生放送に出演
アベさん
三大ホーム
①ニコ動
②夕刊フジ
③産経新聞
マスクを配ったことによって
市中にマスクが出回り
価格が下がった成果もある
ホームなのに意外にキビしめなコメが多い
潮目変わった？
それはない
いいから早く10万円
総理はがんばってる！
自分で言うwww
ねーよ

…と、自画自賛していたが
アベノマスク？
関係ないですよ
ちょっと高いのは
大企業みたいに
薄利多売できないから
親戚に華僑がいて
中国の工場から
直接仕入れてるんで
マスク 50枚入
1箱 3,500円
言うまでもなく関係はない
そもそも…

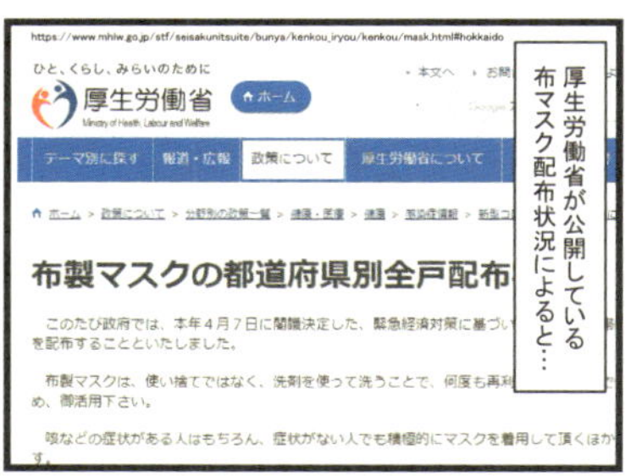
厚生労働省が公開している
布マスク配布状況によると…
https://www.mhlw.go.jp/stf/seisakunitsuite/bunya/kenkou_iryou/kenkou/mask.html#hokkaido
ひと、くらし、みらいのために
厚生労働省
Ministry of Health, Labour and Welfare
ホーム
テーマ別に探す
報道・広報
政策について
厚生労働省について
布製マスクの都道府県別全戸配布
このたび政府では、本年4月7日に閣議決定した、緊急経済対策に基づい
を配布することといたしました。
布製マスクは、使い捨てではなく、洗剤を使って洗うことで、何度も再利
め、御活用下さい。
咳などの症状がある人はもちろん、症状がない人でも積極的にマスクを着用して頂くほか

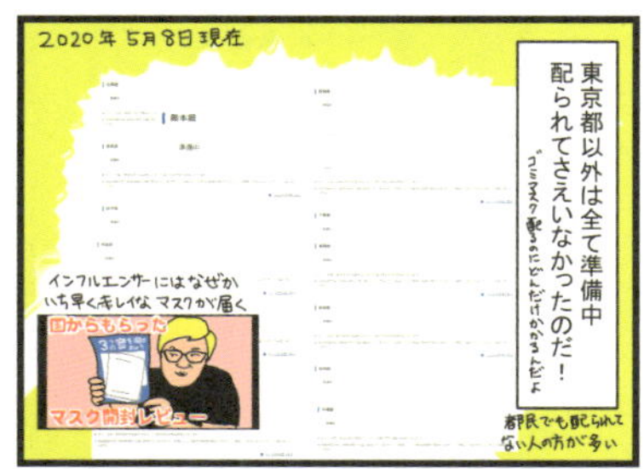
2020年5月8日現在
東京都以外は全て準備中
配られてさえいなかったのだ！
ゴミマスク配るのにどんだけかかるんだよ
インフルエンサーにはなぜか
いち早くキレイなマスクが届く
国からもらった
マスク開封レビュー
都民でも配られて
ない人の方が多い

崩壊まであと 58日

「アベノマスク」のおかげ論

5月くらいになると、市中でほとんど見かけなかった不織布マスクが、それまでよりもずっと安い価格で出回るようになりました。

これを受けて、安倍応援団の人々は「アベノマスクが撒かれたことで、マスクの価格が下がったんだ」と喧伝し始めました。

しかし、マスクが市場から消えてた3月くらいから2か月。アイリスオーヤマやシャープなどが参入を表明し、布マスク自作も普及、中国からの輸入ルート経由も激増するなど需給バランスが取れてきたことが主因なのは言うまでもありません。市中でアベノマスクを着用している人を見るのが稀なのがその何よりの証左です。応援団が言うのは勝手ですが、自画自賛するのはちょっと……。

43日目

被疑者の行為に対し
起訴と不起訴を決められる検察官
起訴
…

法律の下には
官僚、政治家そして時の総理大臣も
みな平等なのです
いろいろ
身に覚えのある
人たち

しかし…
検察の人事そのものを
内閣がいじれる法律に変えれば
検事総長が
黒川なんなら
安心だよねー
総理大臣をはじめ
どんなに悪いことをしても
見逃される人たちが生まれます

国民がコロナで苦しむ中
マスクもまともに配れない
安倍政権がまっさきに取り組んでいるのが
コレなのです
(検察庁法改正には一言も触れず最後に)
この期に及んで野党が審議拒否
もう来なくていいと思う
日本維新の会　浦野靖人衆院議員
検察庁法を所管する
法務委員会を避けて
内閣委員会だけで審議
自民・公明・維新が強行
強行審議名物
維新議員の
与党アシスト質問も

崩壊まであと57日

「検察官定年延長」の法改正問題浮上

４月16日、検察官にも定年後の勤務延長を認める等の内容を盛り込んだ検察庁法改正案が衆議院にて審議入りしました。この法案、コロナがまだ日本で大流行し始める前の１月31日、安倍政権が東京高等検察庁検事長黒川弘務氏の定年延長を閣議決定したことが発端でした。黒川検事長が政権寄りという批判もありますが、もっと根本的な問題があります。従来の法解釈では、検察官については国家公務員法の定年制の適用除外であるというものでした。これを安倍政権が勝手に解釈変更したのです。立法権は国会にあり、内閣が勝手に解釈変更するのは違法行為です。その違法行為を後出しで合法化するような法改正を許していけないのは当然のことなのです。

44日目

「ご飯論法」の名手
加藤勝信厚労大臣が
朝ごはんは食べてません
(パンは食べたけど)
「働き方改革」の時はこれで
国会での追及をはぐらかし続けた

コロナ対策でも
「ご飯論法」を駆使し大活躍している
総理がPCR検査を
2万件に拡充と発言
いつまでに？
共産党
小池晃議員
別に2万件の能力があるからといって
2万件検査するとは言ってないんでえ

「37・5度発熱4日間」は
保健所と国民が勘違いされてたんでえ
誤解した
保健所と国民が悪いとでも？
政府がずっと説明してきた
じゃないですか
怒りの蓮舫さん

厚労大臣が今すべきことは
「はぐらかし」などではなく
ウイルス対策に真摯に取り組むことだ
過労死遺族らが傍聴するなか
質問に対し笑う安倍晋三首相と
加藤勝信厚労相
2018年6月26日参院厚労委
安倍政権にとって
人の命などチリより軽い
こんな政権いますぐ総辞職すべきだ

崩壊まであと56日

コロナ禍の厚生労働大臣が不誠実答弁の達人という悲劇

日本のコロナ禍において、最大の不幸は、国会質疑ではぐらかしの答弁を行う達人、加藤勝信が厚生労働大臣だということです。

安倍政権は4月6日にPCR検査1日2万件実施をぶち上げましたが、4月30日の時点で未達であることを日本共産党の小池晃議員に聞かれると「処理能力を2万件に拡充するが、2万件検査するとは言ってない」と答弁しました。

また、5月8日には、当初新型コロナに関する相談センターへの相談目安とされてきた「37.5度以上4日」の文言を見直したことについて、「目安だったのが、基準のように(とられた)」「我々から見れば誤解」と、国民が勝手に勘違いしたんだと言いたげな発言をし、批判の声が相次ぎました。

45日目

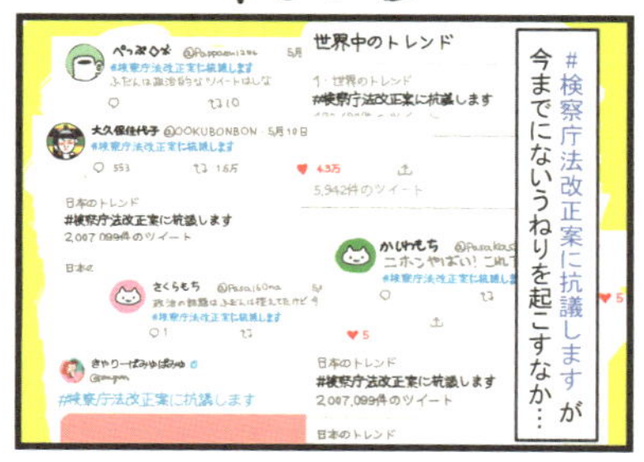
#検察庁法改正案に抗議しますが
今までにないうねりを起こすなか…
世界中のトレンド
#検察庁法改正案に抗議します
日本のトレンド
#検察庁法改正案に抗議します
2,087,099件のツイート

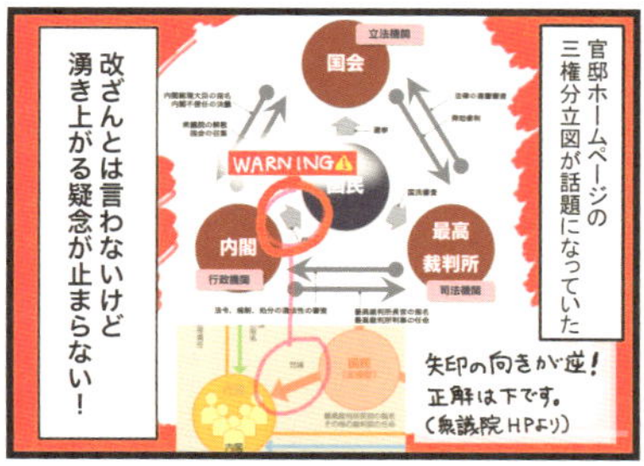
官邸ホームページの
三権分立図が話題になっていた
改ざんとは言わないけど
湧き上がる疑念が止まらない！
国会
内閣
最高裁判所
WARNING
矢印の向きが逆！
正解は下です。
（衆議院HPより）

なぜなら
この安倍政権下の
日本で起こっていることは
歴史に名を残したい
日本スゴイ
国民どうでもいい むしろ敵
仕事キライ
おいしい生活だけしたい
あがめられたい
改憲したい
スゴイと言われたい
ほめて
めんどくさいこと
やりたくない
中韓をギャフンといわせたい

総理のウソとワガママの後始末に
行政のリソースが奪われ
国会が空転し
コロナ対策なんかより
検察庁法改正が優先に
決まってんだろ！
法律も記録もいろんなルールも
破壊されていくことだからだ

崩壊まであと 55日

ツイッターで広がった抗議の声

国民がコロナ禍において自粛や休業を余儀なくされる中、安倍政権が進めていたのは、自分たちのメリットにしかならない検察庁法改正でした。この政府の横暴について、ツイッター上では、5月9日夜から10日にかけて、「#検察庁法改正案に抗議します」というハッシュタグをつけた著名人による抗議の投稿が相次ぎ、大きなうねりとなって拡散。ツイッターのトレンド1位になり、数日間で数百万ツイートが投稿されるという事態に発展しました。

度重なる文書改ざん、公文書の廃棄、違法な法解釈変更など、近代民主主義国家を破壊し尽くしてきた一方で、国民の生活についてはまったく考えていないことがついに広く認識された証しでした。

46日目

#検察庁法改正案に抗議します と勇気を出して声を上げた著名人たちに
むほほ
ファンだったのに政治的なことつぶやくなんてがっかりした
法案読みましたか?
もっと勉強してから発言しましょうね
つぶす!
歌手やってて知らないかも知れないけどデタラメなウワサにだまされないようにね
責任取れるのか!
らしくないですよ
クソリプの大群が押し寄せた!

ちょっと待て
このコロナ危機に不要不急の検察庁法改正なんて安倍総理と仲間たち以外の国民にはデメリットしかないのに
安倍政権のコロナ対策
なぜ叩く…?

声を上げた著名人に殺到するクソリプ

「#検察庁法改正案に抗議します」で多くの著名人が声を上げた一方、そうした声を封殺する声がそれらの著名人に殺到しました。

何らかの対価と引き換えに、こうした批判封殺を行っている人々もいるのでしょうが、多くの人々は何も得ることはないどころか、安倍政権が続くことで虐げられかねない人もいます。

彼らの多くはなぜ、なんのメリットもないのに政権批判の声を封じ込めようと躍起になるのでしょうか？　自身を安倍政権という権力と同一視することで、うだつの上がらない現実から逃避し、自身を慰撫しているのでしょうか？　冷笑することで自分たちが「賢い」という位置にいる気分を味わえるからでしょうか？

…そう彼らは目の前の危機よりも
「気にくわない者を叩く」「勇気と正義をバカにする」「格下(だと勝手に思う)の者を差別する」こんな国難の時期にこのようなことを言い続けられる彼らはある意味スゴイ

そんなスゴイ彼らは安倍政権の強力な支持母体である
逆張り、冷笑、あきらめ、無気力差別心に嗜虐心に正常性バイアス…これらの養分を栄養に安倍政権は成長し続けるのだ
妖怪か!

崩壊まであと54日

47日目

ツイッターで #福山哲郎議員に抗議しますがトレンド入り
世界が仰ぎ見る専門家 尾身先生になんて失礼な態度! #福山哲郎議員に抗議します
福山議員がいな 困る人はいな 尾身先生がい 困る人がた #福山哲郎
専門家に対する 微塵も感じられな #福山哲郎議員に抗議
ファクトを軽視した 政局重視のパフォーマンス #福山哲郎議員に抗議します
具体的な内容ではなく「態度」のようなあいまいなことばかり あげつらっているのも注目ポイント
「専門家」尾身先生
立憲民主党の福山哲郎議員が国会で専門家に失礼な態度を取ったと騒ぎになっていてた

しかしそれは切り貼りしたフェイク動画をもとに盛り上がってるだけの
「ファクト」とか「科学」とか言うわりに元動画ぐらい確認しないのでしょうか…?
Dappi @dappi2019 · 5月11日
福山哲郎 「感染者が10倍いる可能性は否定出来ない
尾 「東京の陽性率は7%という数字が出た」
福 「話を短くしろ!」
尾 「この数字は医療機関に行く人の数字で、一般コミ
感染リスクはこれより低いと考えるのが常識」
福 「答えてない!」
恫喝もするし、話も理解出来ない立憲
#kokkai
インチキトレンドだった

むしろこの時の国会で問題になっていたのは安倍総理である
「専門家に失礼」って一番失礼なのコイツじゃね?
尾身氏の背後から答弁を指示した総理の発言に福山議員らが抗議 委員長もその抗議を認め議事録を止めた

ちなみにその後ツイッターでは #福山哲郎議員に抗議します を受け
※想像図
ちょっと ツイッターの 責任者いる?
#安倍晋三に抗議します がトレンド1位を取っていた

崩壊まであと 53日

福山哲郎議員への批判ハッシュタグ

「#検察庁法改正案に抗議します」が話題になった数日後の5月11日、参議院予算委員会で立憲民主党の福山哲郎幹事長が新型コロナウイルス感染症対策専門家会議の尾身茂副座長に対して行った質問が恫喝的だとして、政権擁護層で一気に広がったのがハッシュタグ「#福山哲郎議員に抗議します」でした。

確かに、このときの尾身副座長は時間を引き延ばすだけでまともに回答しない態度だったとはいえ、国会議員や大臣でもない尾身氏に対し、急かすような態度は福山氏が無礼だったのは言うまでもありません。しかし、一部で取り沙汰された恫喝的発言とされた部分は安倍首相が飛ばしていた野次や尾身氏への指示のような発言に対して行われたものでした。

48日目 その①

黒川弘務（63）
くろかわひろむ
自称・東京高検検事長

実は黒川氏が検事長に居座ってるのは
安倍内閣が勝手に決めただけで
何も法的根拠がないのだ
お得意の閣議決定
もちろん議事録もない

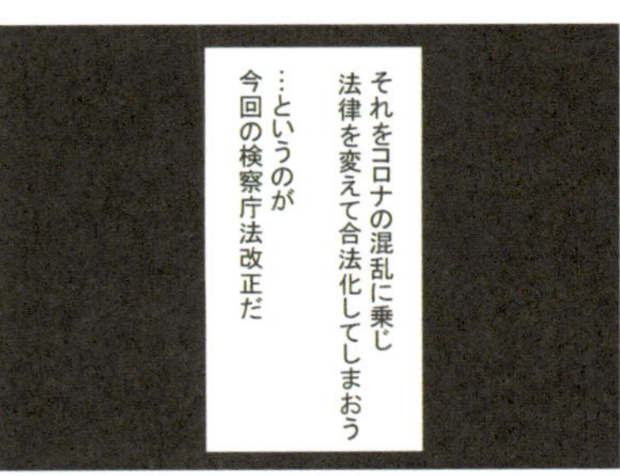
それをコロナの混乱に乗じ
法律を変えて合法化してしまおう
…というのが
今回の検察庁法改正だ

なぜそんなことをするのか
それは
闇に葬りたい犯罪があるからだろう

←その②へつづく

「桜を見る会」についての刑事告発

検察庁法改正の発端となった黒川前検事長の定年延長の閣議決定は2020年1月31日でした。

実はこの前に1つの「刑事告発」がありました。それは、コロナ禍になる前の国会で追及されていた「桜を見る会」疑惑についてのものです。この「桜を見る会」について、1月14日に上脇博之神戸学院大学教授ら13人が、「主催者である首相自身が開催要領を無視し、税金を自らの後援会活動に利用した。時効にならない2015年から19年までの予算超過額1億5121万円余の損害を国に与えた」とし、安倍首相を背任の疑いで東京地検に告発状を提出したのです。この告発と閣議決定の関係性は不明ですが、「桜を見る会」疑惑もまた、コロナ後に再び追及すべき問題です。

その②

検察庁法改正を望む
政権与党の皆さんには
闇に葬りたい件がありすぎて困るが
代表的なものが
安倍総理の背任罪だ

安倍晋三は、自身の利益のために
「国の功労者を慰労する」という
総理大臣の任務に背き
国民の財産たる公金に損害を与えた
キャハハハ
ゆえに、安倍首相の行為は
背任罪に抵触している

2020年1月中旬
上脇博之・神戸学院大教授らが
安倍総理を背任罪で刑事告発
安倍総理が開催要領を無視し
任務に違背したことは歴然
予算の私物化を
見過ごすわけにはいかない

安倍総理がこの告発に
怯えたのかどうかは知らないが
いやいや
安倍総理は起訴されれば
確実に有罪になると
怯えているようですよ
この告発の直後である
2020年1月末に
黒川検事長の定年延長を閣議決定
検察庁法改悪案を国会提出した
これが事の発端である

崩壊まであと52日

49日目

テレビや新聞は緊急事態宣言解除に乗じてお祭りムード
讀賣新聞
緊急事態 39県解除
新型コロナ
「収束へ前進」
首相の一言って大きいですね
これで営業が再開できます

このお祝いムードの裏で衆議院内閣委員会で検察庁法改正案が強行採決
←追いやられる
新局面「あたらしい日常
福岡 解除
ほっとしました嬉しいですね
ほっとしました

大阪・京都・兵庫の宣言解除の裏で衆院本会議でも強行裁決
最後に首都圏の解除で仕上げ
←どんどん追いやられる
緊急事態解除
解除
緊急事態解除
解除
解除

コロナ復興ムードのどさくさで各メディアに安倍政権の功績をがんがんアピールさせましょう
批判する連中はクレーマーってことでネット世論を誘導します
さすがサイキちゃん冴えてるね
…なんてことになりませんように…
想像図

崩壊まであと 51日

緊急事態解除を盛り上げようとするメディア

5月14日。安倍首相は会見で39県において緊急事態宣言を解除すると発表しました。

この決定を一部メディアはあたかも安倍首相の手柄とも思えるような報じ方をしました。もちろん政権としては、緊急事態解除でお祭りムードを盛り上げて、その裏でこっそり火事場泥棒的に検察庁法改正案を強行採決してしまおうという深謀遠慮があったのかもしれません。

しかし、緊急事態宣言解除はいいとしても、政府によるコロナの拡大防止策は無策に等しい状態のままでした。

解除後、再び感染者数が増加し始めたのは、皆さんもご存じの通りです。メディアはいつまでこんなことを繰り返すのでしょう。

50日目

ミスター不起訴こと
自称・東京高検検事長　黒川弘務
クロを政権与党の番犬…
いや、黒川さんを
政権与党の番人とか言うけど

それは言いすぎ！
じゃあなんで
政権与党の河井夫妻は
事情聴取されてるの
…と、
疑問に思う人もいるけれど

黒川氏が検事長と称して
居座ってるのは東京高検
一方で
河井夫妻の件は広島地検
そこに東京地検・大阪地検が協力し
与党の不正を糾そうとしているのだ

河井夫妻をあげるのが先か
安倍の検察支配が先か！
正義と政権の延命をかけた
死に物狂いのデッドヒートが
繰り広げられている！
うおおおお

崩壊まであと50日

河井前法相夫妻の公職選挙法違反

安倍政権のアキレス腱ともいえる大スキャンダルが、安倍首相に極めて近い前法相の河井克行衆院議員と妻の案里参院議員の公職選挙法違反です。安倍政権が官邸に近い黒川弘務前東京高検検事長の定年延長を違法な閣議決定までして決めた理由には、この件について捜査されたくなかったことがあると言われています。

そのため、『週刊文春』の報道によれば、河井夫妻の捜査は当初、最高検が主導し、黒川検事長の影響が及ばない広島地検を動かしていたと言われています。その後、黒川検事長が賭けマージャン報道で辞職すると、東京地検特捜部も動けるようになったと言います。政治腐敗を追及する特捜検察の力が、今こそ問われているのです。

51日目

ウソをつく
黒川氏と2人で会ったことはない
とりまきがやってるインターネット番組にて

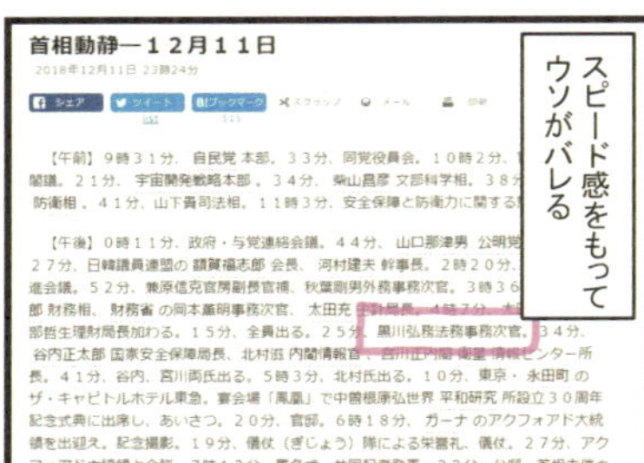
スピード感をもってウソがバレる

首相動静―１２月１１日
2018年12月11日 23時24分
シェア ツイート ブックマーク スクラップ メール 印刷

【午前】９時３１分、自民党 本部。３３分、同党役員会。１０時２分、
閣議。２１分、 宇宙開発戦略本部 。３４分、柴山昌彦 文部科学相。３８分
防衛相 。４１分、山下貴司法相。１１時３分、安全保障と防衛力に関する

【午後】０時１１分、政府・与党連絡会議。４４分、 山口那津男 公明党
２７分、日韓議員連盟の 額賀福志郎 会長、 河村建夫 幹事長。２時２０分、
進会議。５２分、兼原信克官房副長官補、秋葉剛男外務事務次官。３時３６
郎 財務相、 財務省 の岡本薫明事務次官、 太田充
部哲生理財局長加わる。１５分、全員出る。２５分、黒川弘務法務事務次官。３４分、
谷内正太郎 国家安全保障局長、北村滋 内閣情報官
長。４１分、谷内、宮川両氏出る。５時３分、北村氏出る。１０分、東京・永田町 の
ザ・キャピトルホテル東急。宴会場「鳳凰」で中曽根康弘世界 平和研究 所設立３０周年
記念式典に出席し、あいさつ。２０分、官邸。６時１８分、 ガーナ のアクフォアド大統
領を出迎え。記念撮影。１９分、儀仗（ぎじょう）隊による栄誉礼、儀仗。２７分、アク

さて、問題です

安倍が言いそうないいわけはどれでしょう

①2名であって2人ではない
②昭恵がいたから3人
③首相動静がフェイクニュース

ま、平気で文書改ざんする政権ですからおどろきませんが

崩壊まであと49日

嘘をついてもすぐバレた安倍首相

検察庁法改正の問題が浮上すると、黒川弘務前東京高検検事長との関係を追及されるようになった安倍首相。5月15日夜に、「お仲間」の1人である櫻井よしこ氏のインターネット番組で、「私自身、黒川氏と2人で会ったことはないし、個人的な話をしたことも全くない。大変驚いている」と語りました。

しかし、このコメントに対して、即座に嘘が発覚。WEBニュースサイト「リテラ」によれば、2018年12月11日の首相動静に〝3時36分、麻生太郎財務相、財務省の岡本薫明事務次官、太田充主計局長。4時7分、太田氏出る。可部哲生理財局長加わる。15分、全員出る。25分、黒川弘務法務事務次官。〟と書いてあったのです。

52日目

注目が集まった
5月15日衆院内閣委員会
やめろー!
検察庁法改正
はんたーい!
やめろー!!
聞こえますか?
これが国民の声
ネットだけじゃないんですよ
委員会室には
抗議の声が響きまくっていた
国民民主党　後藤祐一議員

与党議員は迷惑そうにしていたが
やめろー
はんたーい
やめろー
現実逃避したい
あまり小説を
読みふけそしまう
はんたーい
……

なにしろ
3密回避で窓は全開
抗議しまーす
はんたーい
やめろー
やめろー
大臣席
一番よくきこえる

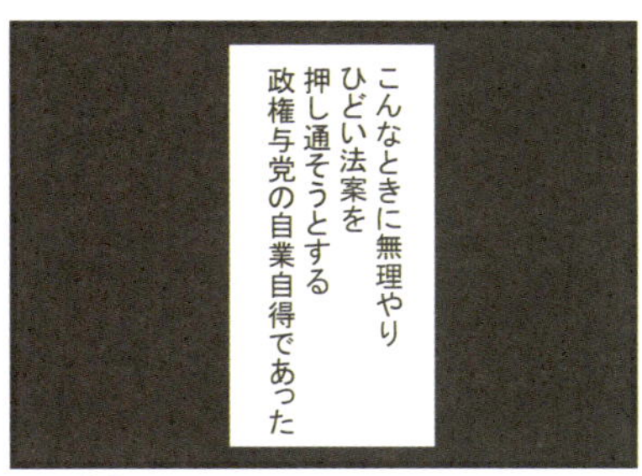
こんなときに無理やり
ひどい法案を
押し通そうとする
政権与党の自業自得であった

崩壊まであと48日

検察庁法改正のソーシャルディスタンスデモ

ツイッターデモをきっかけに、多くの人にその問題点が知られるようになった「検察庁法改正」。このコロナ禍において、火事場泥棒的に強行採決しようとする安倍政権に対し、ツイッター以外でも「ソーシャルディスタンスデモ」が行われました。

それが5月15日の「#国会個人包囲0515検察庁法改正案反対Social Distance Resistance」でした。

感染拡大に配慮し、ソーシャルディスタンスを保って行われたこの抗議行動ですが、国会議事堂内もコロナ対策の3密回避で窓を開け放って換気をしっかり行っていたため、ソーシャルディスタンスを保ったままの抗議の声でも、委員会室内に非常によく聞こえたということでした。

53日目 その①

自分がタイホされないためのインチキ
検察庁法改正
まさに、今国会で絶対通せ！

与(偽)野党会談
世論とメディア、ネットの反発は想像以上です
志位をあげつらうツイートしたら反対派から大量にクソリプ来てビビったわ

なつおのツイートより
こっちの方がバズる→
私のところにも#公明党支持やめますタグが大量に

総理、今回はあきらめて「見送り」いうことでどないだ?
えー
見送り?

←その②へ

検察庁法改正見送りへ

5月8日のツイッターデモ以降、認知度が急速に拡大し、その問題点が広く知れ渡った「検察庁法改正」。あわや強行採決かというところまで行きましたが、反対の声はすでに止められないまでに広がっていました。その波は止まらず、自民党及び公明党、そしてその尻馬に乗る日本維新の会にも抗議の声が押し寄せたのです。

それでもまだツイッターだけの話と高を括っていた与党内を揺るがすことがさらに起きます。17日に朝日新聞の世論調査が出て内閣支持率が大幅に低下、検察庁法改正案に反対の声が64%という現実に直面し、風向きが変わりました。

結果、18日の夜、安倍首相は、検察庁法の改正案見送りを表明したのでした。

その②

メディアが
法案成立断念の
ごとく伝えるから
クックックッ
反対派も「民意は勝った！」
「ネット民と著名人の執念実る」
で大はしゃぎ

単純だからな
国民もメディアも
お前が言うな
「見送り」は「先送り」

総理、出来たら10月終わりに
臨時国会開いて
11月2日に採決しまひょ
えー
そんな先に？

11月1日、なーんの日だ

←その③へ

その③

都構想投票日！
吉村さんの功績で恐らく賛成票が多数でしょう
世論とメディアは都構想大フィーバー
そのスキに採決したらええんや

ササ
松井さん考えたねぇ♪
自称 東京高検検事長 黒川ひろむ
でも黒川さんは…

しれっと閣議決定したらええんや
その頃には国民もメディアも…

みな忘れとる
どっ
わはははは
これで自公維は安泰だ

崩壊まであと47日

54日目

①ヤバイ立法でめざせ独裁体制
2013年 特定秘密保護法
国家の秘密（自分の悪事）をバラしたヤツに罰を！
2015年 安全保障関連法
アメリカの言うことさえ聞いてたら権力は盤石…
なんなら自分からみついじゃう
2017年 共謀罪法
複数で犯罪の計画（自分を追い落とす計画）するヤツゆるさーん！

②オトモダチには便宜をはかり
なぜか不起訴の
山口敬之
アベちゃんありがとー
加計学園
加計ちゃん
森友学園のカゴイケさん
もうオトモダチから外されたけど…
支持者を盛大におもてなし

③ウソ・隠ぺい・改ざん
私や妻が少しでも関わっていたら議員辞職
あの検察幹部と会ったことはありません
財務省が忖度して書類を隠ぺい改ざん
功績がみとめられ出世した佐川さん

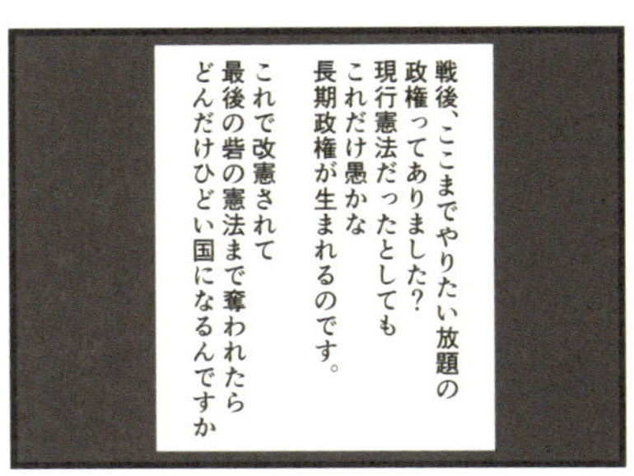
戦後、ここまでやりたい放題の政権ってありました？
現行憲法だったとしてもこれだけ愚かな長期政権が生まれるのです。
これで改憲されて最後の砦の憲法まで奪われたらどんだけひどい国になるんですか

崩壊まであと46日

民主主義を破壊し蹂躙する政権

検察庁法の改正は見送りになりましたが、第２次安倍政権は発足以降多くの悪法を強行採決してきました。

2013年には特定秘密保護法を。15年には日本が集団的自衛権を行使できるようになる安全保障関連法を。17年には共謀罪法を……。

その一方で、「身内優遇」のネポティズムを推進します。また、その過程でついた嘘を覆い隠すために、公文書の隠蔽・改ざんが行われ、それらの責任は末端の役人に押し付けられ、安倍首相の嘘に加担した役人はその後「出世」するのが定例化しています。

もはや、改憲を待たずして、すでに民主主義国家の要諦は破壊しつくされていると言っても過言ではありません。

55日目

自称・東京高検検事長　黒川弘務
賭け麻雀がバレ辞任の意向
ち〜が〜う〜だ〜ろ〜

ちがうだろ！
お前なんで辞任して
退職金ゲットしようと
してんだよ！
退職金が出ない
懲戒免職相当だろ！
ふざけんなコラ
そもそも
自称・検事長に
辞任もクソもあんのかよ
ひぃぃぃぃぃ
東元議員ではあーりません。怒りの妖精です。

ちょっと待て！
辞任で幕引きとか
期待してんじゃねえだろうな
コイツしかできない
複雑困難事件
があるんだろ？

いろんな屁理屈
ひねり出してきたけど
結局は
自分が逮捕されたくないから
検査人事にぎりたい
ってだけなんだろ？

政権崩壊まであと45日

黒川氏のスキャンダル。辞任そして大甘の訓告

5月18日に見送りが決まった「検察庁法改正」。その後、黒川弘務東京高検検事長に驚きのスキャンダルが発覚します。5月21日発売の『週刊文春5月28日号』で、黒川氏が緊急事態宣言下で新聞記者宅に集まり、賭け麻雀をしていたと報じられたのです。黒川氏は報道と同時に辞表を提出。政府は22日の閣議で辞職を承認し、その後黒川氏は「大甘」とされる訓告処分のみとなりました。

この訓告処分では退職金も6000万〜7000万円程度が支払われることもあり、「なぜ懲戒処分ではないのか」という疑問の声が高まりました。安倍首相は25日、「国民の批判に対しては真摯に受け止めなければならない」と言うだけでした。

56日目

検察庁法改正案をやっつけたら
ぶんっ
パコーン
国民投票法改正案！
改憲をやりやすくする
ぴょこ

種苗法改正案をやっつけたら
農家の自家採種禁止の方向へ
ぶんっ
パコーン
スーパーシティ法案！
住民の権利ないがしろにそ誰かが金もうけする
にょきっ

ちょっと待て
ぜーぜー
はーはー
一つの国会で(しかもコロナ危機)これだけ次から次へと悪法くり出す政権与党っておかしいだろ
敵からの攻撃か!!
ぴょこ

安倍政権とはなんだったのかそれは…
ぴょこ
人々が政治から目を背け続けた結果生まれたモンスターであった

政権崩壊まであと44日

コロナ禍で安倍政権が進めた不要不急の法案

検察庁法改正案は世論の反対の声を受けて野党議員も頑張り、ついに見送りとなりましたが、コロナ禍で安倍政権が火事場泥棒的に進めようとしていた「不要不急」の法改正はそれだけではありませんでした。

その１つが、安倍政権の「悲願」である改憲をやりやすくするための「国民投票法」の改正。これも大きく反対の声が上がり、見送りとなりました。

また、農家への説明が十分になされないままに進み、さまざまな懸念を生んでいた種苗法改正案についても見送りに。

しかし、竹中平蔵氏も一枚噛んでいると言われる通称「スーパーシティ法案」は５月27日の参院本会議で可決されてしまいました。

57日目

勝手に法律をねじ曲げるのは
『朕は国家である』と言った
ルイ14世のよう
中世か!!
2020年5月22日衆院厚労委員会
共産党　宮本とおる議員の質疑

あの、ルイ16世と同じって
多くの方々は違うのではないかと
思うのではないか
キャーハハハハ
いや、16世じゃなくて
14世ですけど…

そう思ってたのよー!
なんか私って
マリー・アントワネットっぽいなって
なんかさ、
時代のヒロインって
感じでしょ?
バーン

彼の深層心理に根強くある
「国民に倒される」恐怖
ここからとっさに
ルイ16世と取り違えた
これを「フロイト的失言」という
まあ、彼の場合
ルイ14世を知らなかっただけ
という可能性も高いですが
ルイ16世はギロチンだったけど
アベさんはせいぜい刑務所行きなんだから
さっさと辞めればいいじゃんねー

政権崩壊まであと43日

安倍首相「ルイ16世」答弁

検察庁法改正反対には検察OBの大物も声を上げました。その1人が元検事総長の松尾邦弘氏です。松尾氏は法務省に提出した意見書の中で「三権分立」の大切さを説き、安倍政権が違法な閣議決定で従来解釈を変更したことについて、ルイ14世の〝「朕は国家である」との中世の亡霊のような言葉を彷彿とさせるような姿勢〞だと痛烈に批判しました。

5月22日の衆院厚労委員会で、日本共産党の宮本徹議員が、この言葉を引いて安倍首相に「真摯に耳を傾けるべきでは」と言うと、安倍首相は「ルイ16世とは違う」「共産党はどう党首を決めるか知らないが、自民党は選挙によって総裁を選んでいる」などと回答しました。

58日目

どんな暴政を行おうと高い支持率を
誇ってきた安倍政権は
コロナ禍でもその手を緩めなかった
2018年西日本豪雨
「赤坂自民亭」と称し飲み会
2019年 台風15号
不要不急の内閣改造
ごますりメディアももちろん
災害より内閣改造である
内閣改造
注目の人事
むしろ災害時こそ
やりたい放題をして力を見せつける
それこそが勝利の方程式だった

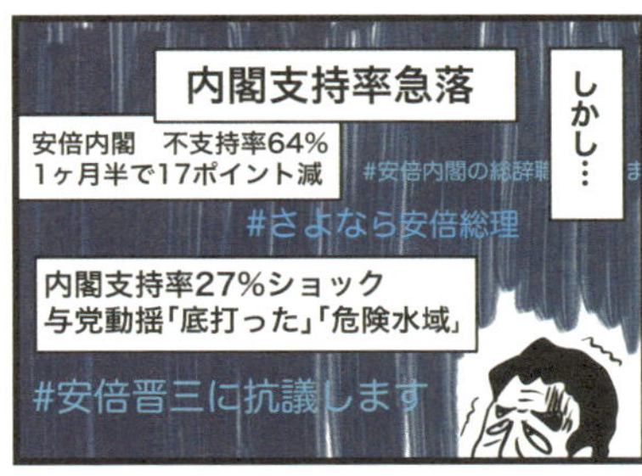
しかし…
内閣支持率急落
安倍内閣　不支持率64%
1ヶ月半で17ポイント減
#安倍内閣の総辞職
#さよなら安倍総理
内閣支持率27%ショック
与党動揺「底打った」「危険水域」
#安倍晋三に抗議します

は？
なーに
政策的に失敗してる
わけじゃないですから
国会が閉じれば
こっちのもの！
モリカケ桜みたいに
みんな忘れるから
今はとにかく
コロナ対策で
ヘマをしない
ことでしょう
いやいやいやいや

緊急事態宣言が
解除されれば
支持が戻りますよ
持ち直す体力は
まだまだありますよ
とにかく
国会さえ閉じれば
だよねー
コロナ対策ですでにヘマだらけな
ことも自覚していない
すでに通用しなくなった手法に
いつまでもしがみつく
安倍内閣はまさに
末期的な様相を呈していた

政権崩壊まであと42日

5月下旬、安倍政権支持率急落

5月下旬になると、安倍政権の支持率が目に見えて急落していることが世論調査の結果として出てきました。

先陣を切ったのは毎日新聞の世論調査。23日付の報道で「内閣支持率27％に急落　黒川氏『懲戒免職にすべきだ』52％　毎日新聞世論調査」という記事を配信しました。翌24日には、朝日新聞も「内閣支持率29％、発足以来最低に　朝日新聞世論調査」という記事を配信しました。

両記事の分析では急落の最大要因は「検察庁法改正及び安倍政権が推していた黒川検事長の賭け麻雀辞職」があるとされていました。

この問題がここまで周知されたのは多くの国民が声を上げたからなのは言うまでもありません。

59日目

マスクが人々に出回り始めた頃にようやく届き始めたアベノマスク
御用公共放送ではさっそく庶民がありがたがる様子を紹介
楽しみに待ってました
本当にありがとうございます

ありがたさのあまり仏壇にそなえるミュージシャンも
僕は洗えるマスクを何枚も持っているので
これは使わずに仏壇に供えておきます
文句を言ってる人たちは国家が個人のためにここまでやってくれることのありがたさを思うべき

結局、政府が配ったマスク閣僚をはじめ誰もしてないじゃないですか！
厚労大臣と副大臣はなぜ布マスクしないんですか？
麻生さんもしてませんよ
・・・
地元の企業応援したいんでえ
にへら にへら
にへら
5月22日衆院厚労委員会
小川淳也議員の質疑の一幕

そう、総額420億円かけたアベノマスクを愛用しているのは日本中で安倍首相ただ一人であった
金額もコロコロ変わるのでこれが正しいのかもナゾ
あとは言い出しっぺの佐伯ちゃん
大丈夫です総理
中学校にアベノマスクしろってガツンと指示しときますから
※想像図

政権崩壊まであと41日

やっと届き始めた アベノマスク

マスク不足が解消し始めた5月下旬、ようやく「マスクが届いた」という声がたくさん聞かれるようになりました。

しかし、そのマスクは小さすぎる上に、一部ではシミや汚れ、虫の死骸などがついていたシロモノ。しかもすでに普通のマスクも出回っていたこともあり、市中でもつけている人をほとんど見かけないという事態に。5月22日衆議院厚労委員会では、小川淳也議員が閣僚に「配布の責任者としてなぜ大臣・副大臣はアベノマスクを付けないのか」と指摘される一幕もありました。そのせいなのか、埼玉県の中学校では生徒にアベノマスク着用を義務付けるような指示を書いたプリントを配布していたことも問題になりました。

60日目

首相会見　緊急事態宣言解除
日本ならではのやり方で
わずか1か月半で収束
まさに
日本モデルの力を示した！
相変わらずの自画自賛であった

ところで日本モデルとは何か
説明しておこう
①政府は責任を負わず
自粛まかせ
再び感染が広がったら
それは気の緩んだ国民のせい
ヤル気あふれる
自粛警察の方々
↓

②給付や補償は
限界まで出し渋るどころか
10万円給付
申請書もまだ
届かない…
あはは
さーんねーんでした～
検察庁法改正
国民投票法改正
種苗法
スーパーシティ法案!!
③混乱に乗じて火事場泥棒

日本でコロナが
辛うじて収まっているならば
それは政府ではなく国民の力である
発熱後4日待機ルール？
我々からみれば
誤解ですけれどもお
むしろ
他国なら助かった可能性があるのに
「発熱後4日間待機ルール」
などの政府の失策で
亡くなってしまった人たちがいるのだ

政権崩壊まであと40日

緊急事態宣言
全国で解除

5月25日、「緊急事態宣言」が全国で解除されることになりました。これを受けて、安倍総理大臣は「『日本モデル』の力を示せた」と誇らしげに述べました。

しかし、「日本モデル」とは何でしょうか？　欧米と比較すれば感染者数も死者数も少なく、医療崩壊もしていませんが、アジアやオセアニア内で考えると、フィリピンに次ぐワースト2です。

しかも、政府がやったことと言えば、当初は「和牛券を配る」などと迷走し、やっと国民に給付金を配ったものの、それ以外は基本的に「自粛を要請」していただけ。そして、日本はその後、「日本モデル」の虚飾が剥がれ、再び感染者数が増えるという事態に陥ります。

61日目

なぜ緊急事態宣言解除が前倒しの5月25日になったのか
「与党幹部」が誰かわからないので、代表してこの人に
25日以降の数字を待つのは怖いよね
2020年5月26日 朝日新聞より

大型連休明けから2週間の潜伏期間を経た陽性者が出てきて数字が悪くなると…
まだ収束してないみたいな印象になるから…
その前に緊急事態宣言を解除すれば
安倍政権の成果だとアピールできる!

※想像図
緊急事態宣言解除で空気が変わるから支持率回復
これ以降感染者が増えたらそれは国民の気の緩みってことで
「いつまでコロナやってんだー」ってバズらせましょうか
もうあいつら(国民)にカネ恵んでやらなくていいんだな
おわかりいただけただろうか

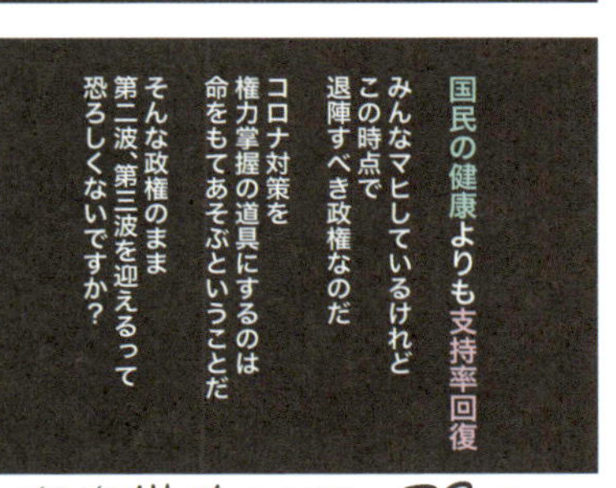
国民の健康よりも支持率回復
みんなマヒしているけれどこの時点で退陣すべき政権なのだ
コロナ対策を権力掌握の道具にするのは命をもてあそぶということだ
そんな政権のまま第二波、第三波を迎えるって恐ろしくないですか?

政権崩壊まであと 39日

政治的判断だった緊急事態宣言解除前倒し

5月25日に全国で解除となった緊急事態宣言。

安倍首相は25日の会見で「わずか1か月半で今回の流行をほぼ収束させることができた」と主張しました。しかし、この解除の背景には専門家会議の判断より、政治的判断が優先されたと言われています。

朝日新聞5月26日配信の記事によれば、解除基準に具体的な数値基準を入れずに目安にとどめたのも解除を見越した判断だったと報じています。また、「25日以降の数字を待つのは怖い」と語る与党幹部もいたと書かれています。

専門家も疑問に思ったというこの解除判断、その結果がどうなったのか。それはその後の東京や大阪の状況を見れば明らかなのではないでしょうか。

62日目

市井の善男善女が国家財政の心配をしているのを
学校再開に向けて
20人学級に？
ムリムリムリムリ
人も金もないんだから
だーかーらー
検査と隔離には
コストがかかるわけでえ
10万円の給付じゃ
足りない？
何言ってんだ
財源はどうする？
嘲笑うかのように

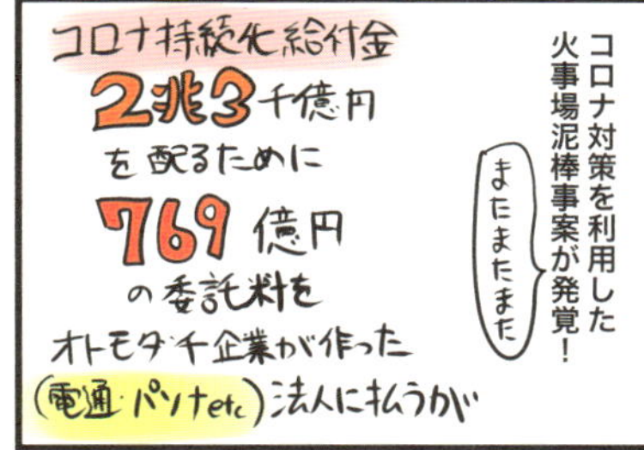
コロナ対策を利用した
火事場泥棒事案が発覚！
またまたまた
コロナ持続化給付金
2兆3千億円
を配るために
769億円
の委託料を
オトモダチ企業が作った
（電通・パソナetc）法人に払うが

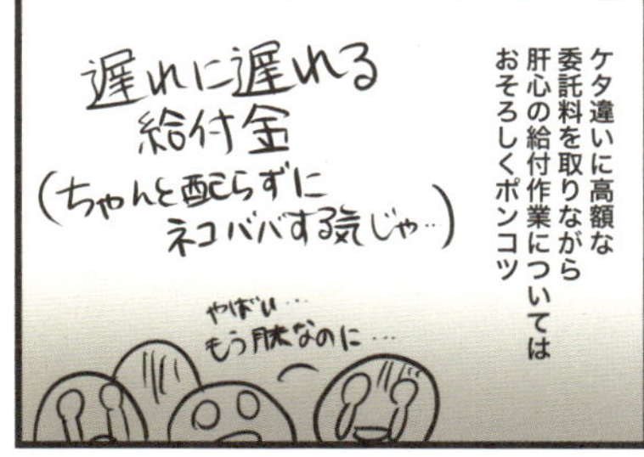
ケタ違いに高額な
委託料を取りながら
肝心の給付作業については
おそろしくポンコツ
遅れに遅れる
給付金
（ちゃんと配らずに
ネコババする気じゃ…）
やばい…
もう月末なのに…

人々の苦境などどうでもいい
公金を掠め取ることしか頭にない
マスクもカネも
スピード感不要なのだ
まさに空前絶後の規模で
日本経済を守り抜く
まさに空前絶後の
税金ドロボー政権である

政権崩壊まであと38日

持続化給付金で不透明なカネの流れ

コロナ禍で売り上げが落ちた中小企業などに払う持続化給付金。5月28日発売の『週刊文春6月4日号』で、この手続き業務が、実体のない〝幽霊法人〟、「一般社団法人サービスデザイン推進協議会」に769億円で委託されていたことが報じられました。

しかも、この団体は、業務の大部分を電通に749億円で再委託。また、電通はさらにそれを子会社に外注。竹中平蔵氏が会長を務めるパソナ、大日本印刷、トランスコスモスなどに発注されていました。これらの会社はいずれも、同協議会を設立した企業で、スタッフもこれらの企業を中心とした出向社員です。幽霊法人を通して、構成企業が国の委託料を分け合ったような形だったのです。

63日目

医療従事者をはじめ
新型コロナ感染症への対応に
全力を尽くして下さっている皆様に
敬意と感謝の気持ちを込めて

航空自衛隊の
ブルーインパルス
飛ばします！
どうだ!!
嬉しいだろ？

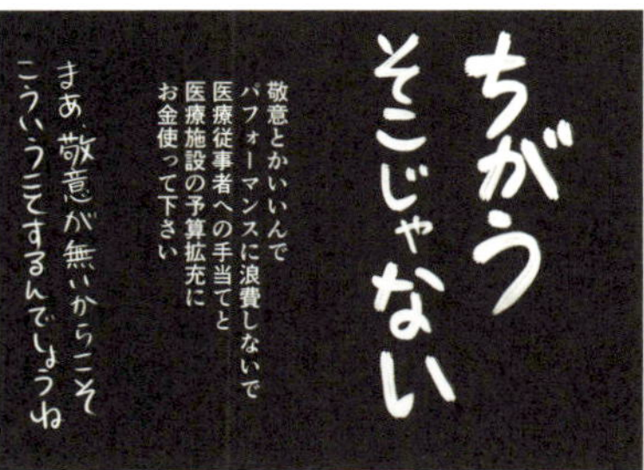
ちがう
そこじゃない
敬意とかいいんで
パフォーマンスに浪費しないで
医療従事者への手当てと
医療施設の予算拡充に
お金使って下さい
まあ、敬意が無いからこそ
こういうことするんでしょうね

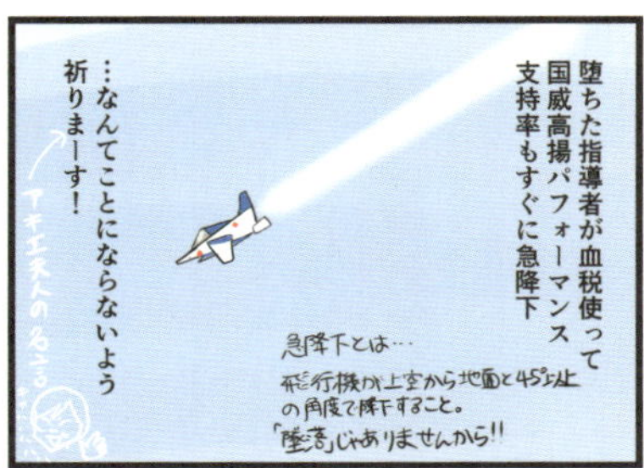
堕ちた指導者が血税使って
国威高揚パフォーマンス
支持率もすぐに急降下
…なんてことにならないよう
祈りまーす！
急降下とは…
飛行機が上空から地面と45°以上
の角度で降下すること。
「墜落」じゃありませんから!!

政権崩壊まであと37日

ブルーインパルスの飛行

5月29日。航空自衛隊のアクロバット飛行チーム「ブルーインパルス」6機が東京都心の上空を飛行し、話題になりました。これは、アメリカやイタリアなどで同様の試みが行われており、それを真似たもの。アメリカ、イタリア、そして日本でも「感動した」という声がSNSなどでも多数登場。日本では、自衛隊中央病院のスタッフが屋上に集まり空を見上げる様子のベストショットが各メディアに掲載されました。

ただ、その一方でアメリカでは、環境汚染や燃料費、飛行時間が16時と医療機関が忙しい時間で、「医療関係者へのねぎらい」が名ばかりだったことで批判の声が浮上。日本でも、市民からは「やってる感」としてアメリカ同様の批判も起こり、意見が分かれました。

64日目

世界が注目する日本の感染症対応
日本の感染症対策は世界において卓抜した模範である…こう評価されています
ね、尾身センセ

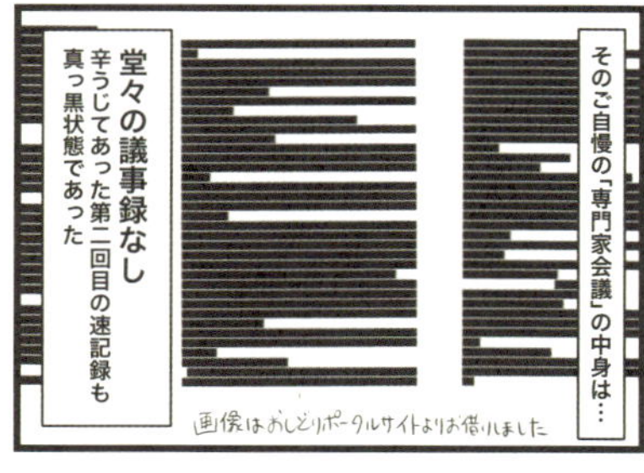
そのご自慢の「専門家会議」の中身は…
堂々の議事録なし
辛うじてあった第二回目の速記録も真っ黒状態であった
画像はおしどりポータルサイトよりお借りしました

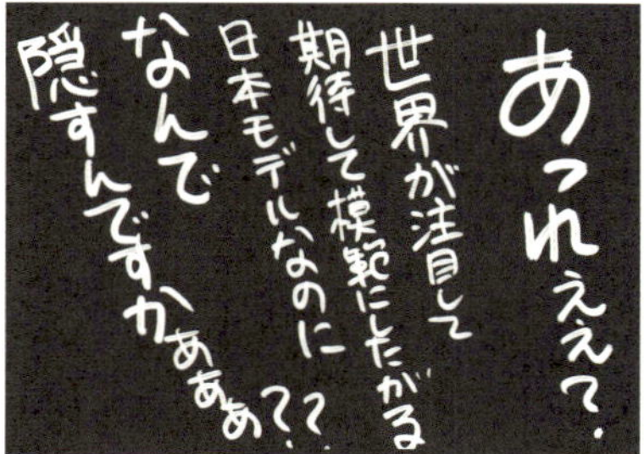
あっれええて
世界が注目して
期待して模範にしたがる
日本モデルなのに
なんで
隠すんですかあああ？？

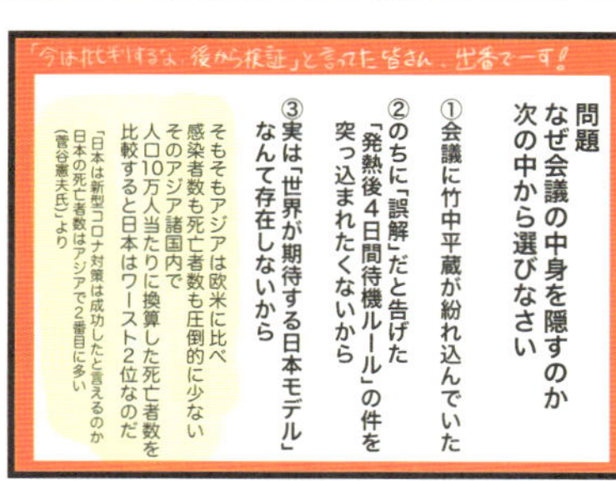
「今は批判するな、後から検証」と言ってた皆さん、出番でーす！
問題
なぜ会議の中身を隠すのか
次の中から選びなさい
①会議に竹中平蔵が紛れ込んでいた
②のちに「誤解」だと告げた「発熱後4日間待機ルール」の件を突っ込まれたくないから
③実は「世界が期待する日本モデル」なんて存在しないから
そもそもアジアは欧米に比べ感染者数も死亡者数も圧倒的に少ないそのアジア諸国内で人口10万人当たりに換算した死亡者数を比較すると日本はワースト2位なのだ
「日本は新型コロナ対策は成功したと言えるのか日本の死亡者数はアジアで2番目に多い（菅谷憲夫氏）」より

政権崩壊まであと 36日

議事録なしの専門家会議

5月28日、医薬業界専門紙「リスファクス」は、新型コロナウイルス感染症への対応を検討する政府の専門家会議の議事録について同紙が情報開示請求したところ、内閣官房から「不存在」として不開示決定されたと報じました。

さらに、おしどりのマコ＆ケン氏による「L.C.M.PRESS」5月29日配信記事によれば、同氏らが2月25日に情報開示請求を行い、その後複数回の交渉を経て、5月28日にやっと入手した第2回の速記録は、例のごとく黒塗りの真っ黒状態。黒塗りの理由について、内閣官房は「公表すると、率直な意見の交換が損なわれるおそれがある」と言っているそうですが、なぜ、誰によって率直な意見の交換が損なわれるのでしょう？

65日目 その①

あーありがとうございますー
麻雀牌と点棒を
いただきましたー
こんなん
いくらあっても
いいですからね
※フキダシの配置上
ボケとツッコミの位置を
逆にしています

あのな、うちのおかんが
大好きな四字熟語を
忘れたいうねん
そんな大好きな四字熟語を
忘れてしまうって
どういうこと?

法律を作らなくても
内閣が勝手に作っていい
法律やねんて
そら閣議決定やないかー
めんどくさい議論が不要で
総理が自分の無知を隠せる
手続きやからね

国会の議決もないのに
東京高検のクロちゃんの
定年を延長させたんだってー
そら閣議決定やないかー
アラビアンナイトでも
願い事は3つまでなのに
何度でも、どんなことでも
決定できる
魔法の四字熟語なんよ

←その②へつづく

濫用される閣議決定

安倍政権が事あるごとに伝家の宝刀の如く持ち出してくる「閣議決定」。2015年には同年５月20日の党首討論で、安倍晋三首相がポツダム宣言の一部を「つまびらかに読んでいない」と発言したことに関し「首相はポツダム宣言を当然読んでいる」とする閣議決定。2017年には、「(安倍昭恵夫人は)公人ではなく私人」という閣議決定も出しています。

トンデモ閣議決定と笑って済むだけならばいいのですが、実はこれ、大きな問題を孕んでいます。

首相や閣僚の失言や嘘を覆い隠すように閣議決定が連発されることで、民主主義的な国家運営に無理が生じ、公文書の改ざんや廃棄などに繋がっていくわけです。笑って許してはいけないのです。

その②
おかんが言うには総理の奥さんが考えて作るものらしいで
そら閣議決定ちゃうわ 昭恵は決定どころか治外法権
自分の居酒屋の経営不振を都知事に文句つけるぐらいの最凶私人やからね
昭恵は総理も東京高検も手出しできない最高法規なのよー
キャいいい
でもな、安倍総理が「麻雀は賭博」と決定しておきながら
法の番人の賭博を不問にできるんやて
2006年
賭けマージャンは賭博だ!!
2020年
クロちゃんはオッケー!!
そら閣議決定やないかー
いかに二律背反、自己矛盾朝令暮改、国会軽視であろうと
「朕は国家なり」で都合よく正当化できる制度なんよー
でもな、総理はポツダム宣言をちゃんと読んどるらしいで
ポ…ポ…
ポツダ…
閣議決定やないかー
野党からポツダム宣言の質問されて答えられなくて
「ちゃんと読んでる決定」で名誉挽回を図った恥ずかしい決定やないか
こうなったらイケメン決定、天才決定何でもありなんよ
でもな、おとんが言うには「秋霜烈日」ちゃうかって
絶対ちゃうわ!
それはまともな検察官が胸につけているバッジや
もうええわー

政権崩壊まであと35日

66日目

「医療従事者に感謝」するためにブルーインパルスが前日の試験飛行なしのぶっつけ本番で東京上空を飛行した
通常は前日に試験飛行
やたらとフォトジェニックな自衛隊中央病院の皆様

安倍首相も参院本会議を抜け出して官邸屋上に見物に行くほど大喜びだった
※想像図
これで支持率もパーっと上がりますよ
いやいやお前は仕事しろ

一方、「感謝」されている医療従事者は
賞与が3分の1になるなど感染対策のコスト増大と一般患者の受診控えで苦境に喘いでいた
経済支援を求める緊急会見
医療団体連絡会議
SOS
新型コロナで、医療も介護も
未曽有の経営危機に

医療機関に感謝というわりには野党から提案された支援策をバッサリ拒絶
資金難が予想される医療機関に
災害時のように昨年の実績で医療保険から報酬が入るように
共産党小池議員
今回は災害じゃないんでえ別に医事コンピューター壊れてないんでえ(笑)
加藤厚労相
この件、くわしくはこのシリーズの「39日目」で
感謝するならまず手をつけるべきはここだろう

政権崩壊まであと34日

病院経営悪化が顕在化。でも安倍政権動かず

5月30日、朝日新聞は、医療機関のコンサルティングを手掛けるメディヴァ社の調査で、一般患者の受診控えで病院経営が悪化しつつあると報じました。

同記事では日本医療労働組合連合会が28日にまとめた調査についても触れており、同調査によれば、ボーナスに当たる夏の一時金の減額や定期昇給の見送り、役職手当カットなど、各地の病院で経営状態悪化に伴う賃下げが顕在化してきているということでした。

ブルーインパルスの都心上空飛行の報道では、「医療従事者への感謝のため」ということが盛んに強調されていました。しかし、こういう「演出」はするくせに、具体的な医療機関への支援策となると何も打ち出さないのが安倍政権でした。

67日目

アベノマスク受注業者って
最初は3社でしたよね
みんな覚えてる？
Kowa
興和(株)
MATSUOKA CORPORATION
(株)マツオカコーポレーション
ITOCHU
伊藤忠商事(株)

そのうち2社増えて5社になり
当時「アベノマスクの最後の1社」とか言われてましたっけ…(日刊スポーツ)
ユースビオ
&
シマトレーディング
怪しんでるヤツはビジネスセンスがない!!
そう、オトモダチ利権に食いこめるかがアベ政権下最大のビジネスなのだ

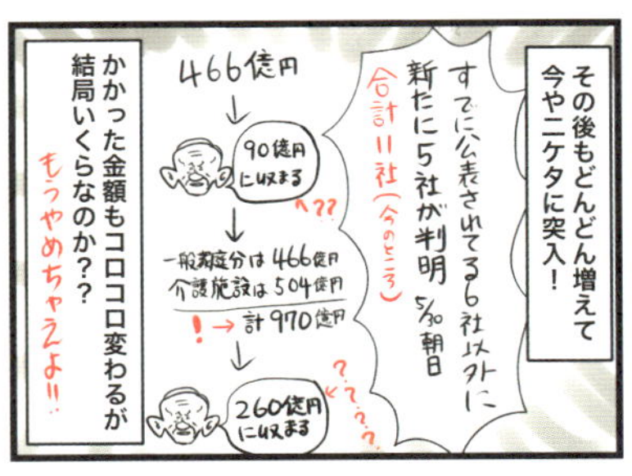
その後もどんどん増えて
今やニケタに突入！
すでに公表されてる6社以外に
新たに5社が判明
5/30 朝日
合計11社(今のところ)
466億円
90億円に収まる
??
一般家庭分は466億円
介護施設は504億円
計970億円
260億円に収まる
????
かかった金額もコロコロ変わるが
結局いくらなのか？？
もうやめちゃえよ!!

もうめちゃくちゃであるが
確実に言えることは
この政権は行政府として
愚かで無能なこと
布マスクは
質より量!!
とにかくスピード！
……というわりには……
4/1に宣言して
2ヶ月後の6/1時点でまだ
2~3割しか配布できず
そして危機を利用して
血税をかすめとろうとすることだ

政権崩壊まであと33日

アベノマスク、増える受注先の怪

「ユースビオ」も「サービスデザイン推進協議会」も追及が尻すぼみになっている感がありますが、なにしろ次から次へとよくわからない事実が発覚するのが安倍政権下のコロナ対策です。

アベノマスクの受注業者は最初は3社とか言われていたのが、4社になり、6社になりと思ったら5月30日に新たに5社が受注していたことが明らかになったと朝日新聞が報じました。

もはや、何社が受注し、総額でいくらかかったのかさっぱりわかりません。そのわりには5月30日の時点で「まだ届いていない」という人がいたのですから驚きます。466億だか90億だか260億だか、とにかく巨額の公金が投入されているのに、仕事遅すぎです。

68日目

Kleptocracy
クレプトクラシー
＝
泥棒政治
今日勉強する言葉は
クレプトクラシー
日本語では泥棒政治といいます

クレプトクラシーは
ギリシャ語の「盗む」
を意味するクレプテースと
κλέπτης
+
κράτος
朕は国家である
「支配」のクラトスが語源です

クレプトクラシーは
政治家や官僚などの支配階級が
民の資金を横領して
個人の富と権力を増やす
腐敗した政治体制です
水道代が高くて
おふろ入れない…
給食
パンと牛乳
だけ…
年金…
彼らはよくアメニティ
(例えば病院や学校、公園の建設など)
の資金を盗むので
クレプトクラシーの下にいる
市民の生活の質は低下します

要するに！
ヤツらが金儲けして
庶民がド貧乏になることです
まさに泥棒政治
さらにヤツらはこれから
10兆円もの予備費
(コロナ対策の名目なら勝手に使っていい金)
を手にしようとしています
ぜったい止めなきゃあかん案件

政権崩壊まであと32日

69日目

映画『殺人狂時代』の名言
一人の殺害は犯罪者を生み
百万の殺害は英雄を生む
数が殺人を神聖化する

一方、最凶令和時代の日本でも
マスク高額転売で業者を逮捕
全国初
不織布マスク
マスク一枚につき5円の上乗せは
高額転売として逮捕され

970億円という
暴利については神聖化され
← 金額コロコロ変わる
検品代は別でしたっけ…?
ダイソーで1枚50円で
売られてる布マスクが
ガーゼマスク 2枚
なんと1枚200円!
(4/3時点でのスガ発言)
しかもカビ ゴミ不良品多発
感謝を強要される
アベノマスク色々言いたいことあるでしょうが、まずは作成した人検査した人、配ってくれた人に感謝しませんか
にへら
にへら

民間は「利益度外視」を期待され
公は利益がないと動かない
利益は度外視です
マスク
中抜きさせろー
もうけさせろー
カネの臭いが
まさに拝金狂時代である

政権崩壊まであと31日

異常に高価な「アベノマスク」

5月31日に社民党の福島みずほ議員がツイートした試算によれば、アベノマスク2枚分が717円近くになる可能性があると言います。

市中に出回る、不織布のマスクですら50枚で2000円程度として1枚40円。9分の1程度の価格です。

ウイルス対策としては性能的にも不織布マスクに大幅に劣るというガーゼマスク配布のために、これだけの公金を投入するのであれば、もう少し他にやることがあったのではないか……。そう思った人は決して少なくないでしょう。

国民には「自粛」を要請し、滅私奉公が称賛される一方で、私利私欲で利権に群がる人々が政府と手を組んでいる。

まるで、どこか発展途上国の独裁政権のような有り様です。

70日目

トランプ大統領の「アンティファをテロ組織に指定する」ツイートを日テレNEWSが報道
The United States of America will be designating ANTIFA as a Terrorist Organization
極左グループ「アンティファ」をテロ組織に指定する方針
この画像探してたんだよ antifaシャツで演説する共産党の小池氏!
日本共産党はテロ団体ANTIFAとの関係を説明したほうがよろしいかと
TOKYO AGAINST FASCISM
政権応援団界隈でも野党議員とアンティファのつながりを見つけ出し大いに盛り上がった

ところで「アンティファ」とは何か
ANTIFA
"anti-fascist"
ファシストに対抗
ファシストはファシズムを主義とする人
そしてファシズムって何かというとアレですよ…

コレ!
ファシズムとは暴力的・専制的な政治支配
ファシズム国家の下ではナショナリズムが強調され
国家元首への敬礼
国旗国歌への拝礼が強要され
国家利益が優先され国民の人権や自由は奪われる
議会や政党は否定されあっても形骸化され民主主義は否定される
これにアンチならむしろ良くね?
国賊め!
非国民!
非国民め

なぜ我が国の政権与党と応援団はアンティファを危険視するのか…
勝手に決められる閣議決定大好き
ナチスの手口に学んだらどうだ
ド直球
国会嫌い
国民嫌い
権力を縛る憲法嫌い
国民の生活が大事なんて政治は間違ってる
国歌
国旗
国旗讃!
賢明な皆さまはもうおわかりですよね
自分たちがまさにファシストなのだ!

政権崩壊まであと30日

「反ファシズム」を嘲笑する人たち

6月1日、「ブラックライブズマター」の抗議行動が本格化し始めたアメリカで、トランプ大統領が反ファシズム思想で連帯する「アンティファ（ANTIFA）」について、「米国はテロリスト組織として指定する」とツイートしました。

FBIは即座に「暴動にANTIFAが関与した情報はない」と否定のステートメントを発表しました。

しかし、日本のメディアや政権応援団はこのトランプ発言に嬉々として便乗。野党議員がANTIFAのTシャツを着ていたなどと大騒ぎする始末でした。

ANTIFAは集団や組織ではなく、反ファシズムという考えでゆるく連帯する人々を指すものです。それを揶揄していた識者やメディア、与党議員はファシズムに賛成する立場なのでしょうか？

71日目

今日はみなさんに
竹中平蔵さんをご紹介しましょう
竹中氏の功績は郵政民営化など
数え切れませんが
その一つは
「労働者派遣法」の改正

「賃金も下がらなければならない」
「若者は貧しくなる自由がある」
「正社員をなくせばいい」
などの名言を吐きながら
企業
社員
人材派遣会社会長
企業
収入少ない
立場も弱い
ハケン
ピンハネ
彼にとっては儲けのシステム
多くの人にとっては
貧しくなるシステムを確立させた

そして
かれこれ20年以上
政策決定の場に居座り
IT戦略会議
経済財政政策担当大臣
郵政民営化
金融担当大臣
日本維新の会公募委員長
国家戦略特区
人々の生き血を
吸い続けているのだ

もちろん現政権下でも大活躍
持続化給付金の中抜き
スーパーシティ法案
GoToキャンペーン
9月入学←new!
電通を抱き込めば
主要メディアからの
批判もかわせるよね
※想像図
そしてコロナ危機下でも
絶好調であった!

政権崩壊まであと29日

持続化給付金事業にもパソナ

持続化給付金事業で浮上した電通のトンネル法人「サービスデザイン推進協議会」。この法人も不都合な事実が続々と報じられるようになりましたが、問題はその外注先にもありました。

外注先でもっとも巨額の外注費だったのがパソナ。あの竹中平蔵氏が取締役会長を務める企業です。彼は、働き方改革、オリンピックのボランティア事業、スーパーシティ法案、水道民営化、GoToキャンペーンなど多くの政策に必ず名前が挙がります。東洋大学教授、慶應義塾大学名誉教授といった学識者の肩書を利用し、政府の諮問会議などに入り、自社の利益のために動いているとしか思えない彼の動きは、いずれ明らかにされるべきものでしょう。

72日目

2012年12月28日
安倍首相は官邸で
拉致被害者家族会と面会した
もう一度
首相の座についたのも
なんとか拉致問題を
解決しなければとの使命感
必ず安倍内閣で解決する

2018年9月14日
日本記者クラブ
自民党総裁選立候補者討論会
安倍政権は一貫して
「拉致問題を解決できるのは
安倍政権だけ」だと言ってきた
ご家族が相当高齢になるなか
一体どうなっているのか
ムッ

拉致問題を解決できるのは
安倍政権だけだと
私が言ったことはございません
家族会の皆さんが
そういう発言をされた方が
おられることは承知してますが
ぎょっとする石破さん

4

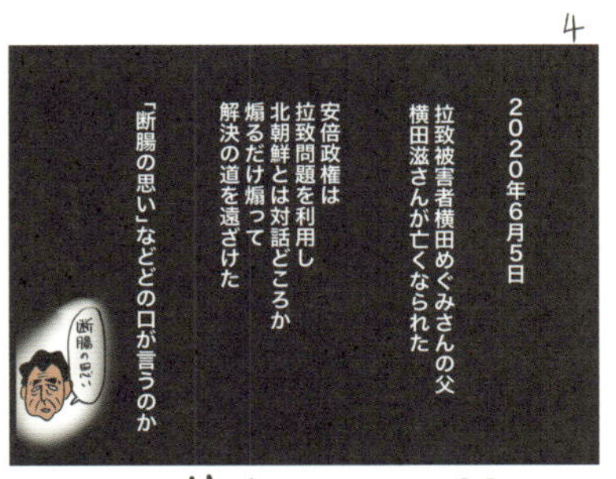
2020年6月5日
拉致被害者横田めぐみさんの父
横田滋さんが亡くなられた
安倍政権は
拉致問題を利用し
北朝鮮とは対話どころか
煽るだけ煽って
解決の道を遠ざけた
「断腸の思い」などどの口が言うのか
断腸の思い

政権崩壊まであと28日

拉致被害者家族会前代表、横田滋氏の訃報

コロナ禍の真っ只中、6月5日。「北朝鮮による拉致被害者家族連絡会」(家族会)の前代表である横田滋氏死去が報じられました。

43年前に当時13歳だった長女めぐみさんを北朝鮮に拉致され、1997年の家族会発足から一貫して拉致被害者帰還を求める運動の中心人物として活動されてきました。

娘を拉致され、非常に悔しい思いを抱えていたにもかかわらず、経済制裁一辺倒ではなく、対話を訴える姿勢を貫いた横田滋さん。「拉致問題を解決できるのは安倍政権だけ」と拉致問題を利用した挙げ句、対話の場にすら立てず、しまいには「そんなこと言ってない」と言い放ったのは他でもない安倍首相でした。

73日目

莫大なコストと
なめくじ這行の如き配布で
話題のアベノマスクに
またもや問題が発覚した
虫の混入である

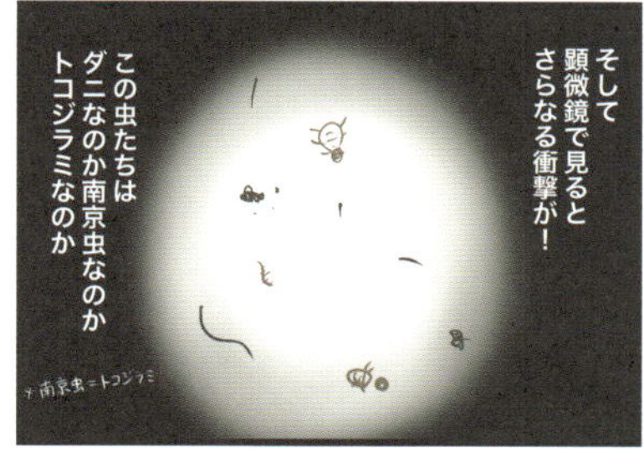
そして
顕微鏡で見ると
さらなる衝撃が！
この虫たちは
ダニなのか南京虫なのか
トコジラミなのか
※南京虫＝トコジラミ

マスクの検品とは
なんだったのか
そもそも
目視の検品に
意味はあったのか
寄付を呼びかけているが
ナゾの虫が付着してるマスクを
寄付してもいいものか
マスク寄附箱
そもそもなぜ私たちがマスクの活用方法など
考えなくてはならないのか

まさに空前絶後の
コロナ対応である
政府から国民へ
まさかのバイオテロ…??
※想像図
総理、大丈夫です！
総理のマスクは
アベノマスク界でも
最高峰の
スペックですから

政権崩壊まであと 27日

アベノマスクの中の「虫」が話題に

「アベノマスク」にまつわる不透明なカネの流れはいまだ全貌が明らかになっていませんが、市中にようやく届き始めた頃、アベノマスクについてたった１つ、ハッキリとわかったことがありました。

それは、「どうしようもないほど低品質」だったということです。

６月６日にツイッターで話題になったのは、海洋生物学者の方が届いたアベノマスクを、未開封のまま顕微鏡写真で撮影した画像でした。そこには明らかに虫とわかるものが混入していたのです。

このように衛生上の問題が懸念されるマスクが配布されたことで、コロナ対応に追われる保健所の現場職員が、さらに「検品作業」という、新たな業務まで追加されることになってしまいました。

74日目

コロナ危機で
暮らしも疲弊
秋冬に来ると言われている
コロナ第二波への備えもまだだし
国会でやるべきことは
山ほどあるのに

なんと政権与党は
会期延長しないで
国会を閉じようと
している！
その理由が
「野党に
追及されるからイヤ」
いやいやいや
追及されたら
答えればいいでしょ
やましいことだらけだから
早く逃げたいんでしょ？

長期にわたる
コロナ対応が必要だと
10兆円の予算を組んだ
だったら国会も
長期にわたって
開き続けるべきでしょう
国会がイヤな国会議員って
野球がキライな
プロ野球選手かよ
ポイ

誰かと思ったら
河井夫妻！
言ってることは
正論だけど…
もしかして
これ
狙ってます？
不逮捕特権
（憲法第50条）
両議院の議員は
国会の会期中
逮捕されない

政権崩壊まであと 26日

通常国会閉会間近。延長を拒む安倍政権

6月上旬になってくると、通常国会の会期末（6月17日）が迫ってきました。本来、日本がまさしく「国難」に襲われている最中、会期を延長するのが筋でしょう。事実、東日本大震災時は、与野党の合意で国会の会期が延長されました。

当然ながら今回のコロナ禍においても、野党4党は、新型コロナウイルス感染症の第2波に備えるため、会期を12月28日まで194日間延長することで一致、政府・与党に求めてきました。

しかしながら、安倍政権及び自民公明の与党は拒否。

今まで、幾度となく安倍政権は自分たちがゴリ押ししたい法案があれば会期を延ばし、不都合があると野党の会期延長や臨時国会の要求を突っぱねてきました。

75日目

小泉元首相は
自民党の二階幹事長と会食し
「お金より大事なもの　信頼」
と書いた色紙を渡しました
字が汚なすぎて
読めない

出席者によると
「この色紙は安倍総理に
向けられたものではないか」
と言われており
今後
小泉氏の真意をめぐって
憶測を呼びそうです

え、小泉、元、総理から、
このような、言葉、を、
いただきまして
まさに、ですね
国民の、皆さまの
信頼を、裏切らない、ように

して参ります
ただし上級国民に限る
五輪で儲けようとしてた分をコロナ対策費でとりもどせ～
コロナで五輪の損失補てんだー
※妖怪・上級国民のみなさん

政権崩壊まであと25日

小泉元首相の色紙が話題に

6月9日に自民党の二階俊博幹事長が小泉純一郎元首相と会食した際に、小泉氏から「お金より大事な物　信頼」と書かれた色紙を渡されたという件は、さまざまな臆測とともにまたたく間に広く知れ渡ることになりました。

2019年11月19日配信のNHK政治マガジン「安倍政権は、なぜ続くのか」という記事では、安倍政権不支持の理由が、〝森友・加計問題などで支持率が落ち込む第3次政権末期から第4次にかけて「人柄が信頼できないから」が大きく伸び〟ていると報じられているように、今や不信感だらけの安倍政権。コロナ禍でもお仲間優遇なその姿勢に、「その言葉は安倍総理に贈られたものでは」と、会食の出席者もそう思ったそうです。

76日目

受給できるか否かのポイントがいまいちハッキリしない持続化給付金
うちはすぐに入金された
20年近く事業をしてきて初の赤字
自力でなんとか書類を揃えたけどはねられた

それもそのはず給付金の審査現場は「素人が大半」だったのだ
右往左往
また審査基準変わった

ズサンな管理体制に働く人たちも戸惑っていた
経理の用語もわからない人が大半で大丈夫なんでしょうか
罪悪感が…
これはどうすれば？
実は僕も派遣なんで…

真水が人々に届く前にガッツリ減らされて届かない
まさにヤツらにとっての持続化給付金なのであった

政権崩壊まであと24日

持続化給付金、審査の混乱明らかに

もちろん、予想だにしなかった感染症の拡大で、突然決まった給付金です。事務処理上の問題などはたくさん生じるのも無理のないことでしょう。

しかし、電通のトンネル法人、サービスデザイン推進協議会を通じてパソナなどに公金で外注されているわりには、その巨額の外注費に反して給付金の審査現場などはあまりにも杜撰で、下請けの現場スタッフが当惑する様も報じられるようになりました（6月11日東京新聞）。

コロナ禍で資金繰りの悪化した中小企業や個人事業主を救うための持続化給付金。一刻も早く欲しい人がいるのに、現場は混乱、甘い汁を吸えるのは「お仲間企業」というものの構図でした。

77日目

あの有名な『総理』の著者
暗闘
山口敬之
総理
山口敬之

BBCをはじめ各国のメディアにその名を轟かせたあのジャーナリストが
France 24
BBC
CNN
The washington post
NYTimes
SVT
ALJAZEERA
Japan's Secret Shame
NRK

いろいろあって地下生活を送っていましたが
盟友・小川榮太郎氏とYoutubeでコラボ
このたび無事に…

高給で再就職がきまったようですおめでとうございます
もちろん オトモダチ人脈だ
山口をすいせんした社外取締役Y氏は自らが経営するD社で性暴力電話相談を独占受注
(株)オウケイウェイヴと"業務委託契約"月80万円以上
ちーがーうーだーろー

政権崩壊まであと23日

安倍首相に近いジャーナリスト、再就職先が話題に

コロナ禍で中小企業や個人事業主、あるいはエンタメ業界従事者などが打撃を受ける一方で、こんなニュースが話題になりました。「総理に一番近いジャーナリスト」として知られる山口敬之氏が、偽名でオウケイウェイヴ社と月80万円で業務委託契約を結んでいたと報じられたのです(『週刊FLASH 5月12・19日号』)。

同報道によれば、山口氏をオウケイウェイヴ社につないだ人物は、情報サービス業界の有名人で大物女性財界人のYという人物。彼女のパーティは安倍首相が代表発起人を務めたほどの関係だそうです。

オウケイウェイヴ社もY氏も、同誌の取材では否定していますが、これもまた安倍「身内優遇」政権ならではのことなのでしょうか。

78日目 その①

前回までのあらすじ
コロナで困ってる事業者に持続化給付金を給付するも莫大なコストをかけてる割にあまりにポンコツな仕事ぶり
経産省と電通が組んで公金を中抜きしまくってた可能性が
国会で山添拓議員が経産省と電通の関係を明らかに…
公金つかみ取り大会
わはははは
クローズアップされてるのが
発注側である前田泰宏中小企業庁長官と
前田ちゃん
受注側であるサービスデザイン推進協議会業務執行理事平川健司氏元電通社員の癒着関係です
平川ちゃん

長官に改めて聞きます平川氏とはいつからどういう関係ですか？
えっと2015…えっ
2015…あれっ…だったと思います

お二人の関係は2009年家電エコポイントの時点ですでに始まっていたのではないですか？
キラーン
その当時は面識なかったと思います…えぇ

当時、この事業を電通などの企業連合が事務局を受諾したこの事実はご存知ですか？
あの、存じておりません

その②

このとき
電通側の中心にいたのが
平川氏です
エコポイント事業の
申請サイト
Salesforce.comに
外注された
前田さんが紹介された
のではないですか？
電通 平川ちゃん
!
そ、そーいうのは
き、記憶にございませんけども
はい

2009年9月15日に
Salesforceが
都内で開いたイベントで
講演なさったんじゃ
ないですか？
あのっ
こ…公園、後援、
高円寺…公演…
講演したと思います…

その講演で
エコポイントは
Salesforceの
サービスだと
紹介されたのでは
ありませんか？
ノリノリで講演する前田ちゃん
そ、そういう記憶
ございませんけれども
い、い、いま
そういう記憶は
ございません

講演されたことについては
ネットに
今も記事が出ておりますので
ご確認いただければと
思いますが
IT Leaders
電子政府からミクシィまで
セールスフォースのイベントで
国内クラウドユーザーが競演
2009年9月17日
経済産業省 前田泰宏氏が講演
エコポイント用のシステムを
SFDC（セールスフォースドットコム）
と共同で構築した事例を
紹介した
ですから
当時、平川さんとも
面識がないというのは
にわかに信じがたい
と思うんですね

その③

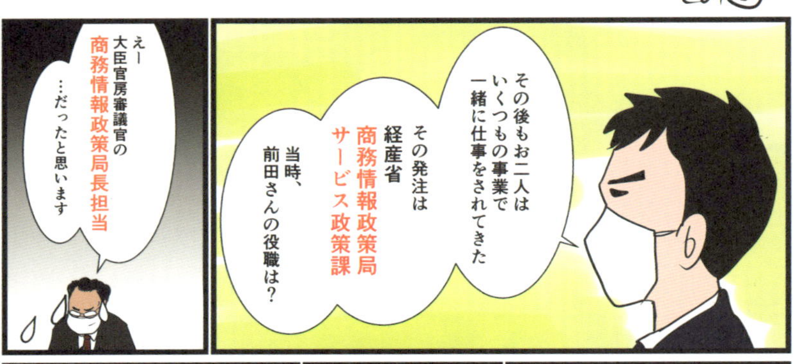
その後もお二人は
いくつもの事業で
一緒に仕事をされてきた
その発注は
経産省
商務情報政策局
サービス政策課
当時、
前田さんの役職は？
えー
大臣官房審議官の
商務情報政策局長担当
…だったと思います

平川氏は当時
電通の社員でもあった
電通への再委託は
当然、ご存知でしたね？
平川ちゃん
えっと、あの、
認識しておりません
知りませんでした
もう許して…
大臣官房審議官にありながら
電通への再委託を知らないような
事業が行われていた
ということなんでしょうか

もう
おわかりですね
今回の持続化給付金
担当は中小企業庁で
長官が前田さんです
平川さんと前田さんというのは
そして電通と経産省は
10年以上に及ぶ
ズブズブの関係です
前田ちゃん
平川ちゃん

政権崩壊まであと 22日

10年以上に及ぶ経産省と電通のズブズブの関係

6月12日の参議院予算委員会。1人の議員による質問がSNSで大きな話題を呼びました。
「まるで法廷劇のようだ！」と絶賛されたその質問を繰り出したのは、日本共産党の山添拓議員でした。検察庁法改正の問題、新型コロナの医療体制などさまざまな質問をしましたが、特に注目を浴びたのは、持続化給付金の中抜き問題で発覚した経産省と電通の10年以上にわたる癒着関係を追及した場面でした。答弁者として立った前田泰宏中小企業庁長官の回答を利用しながら、彼の矛盾と嘘を次々と突き、受注側であるサービスデザイン推進協議会業務執行理事で元電通社員の平川健司氏の癒着関係を暴き出したのです。

この2人の関係は、10年以上にも及ぶもので、いくつもの事業でともに仕事をしてきたのです。

79日目

あの有名な政権応援アカウントがまたもやデマを発信
Dappi @dappi2019
安倍総理「小西さんは聞こえてなかったかもしれないが、1番最初から何度も申し上げてるように"国家公務員法に基づく懲戒処分は当該国務大臣が処分案の閣議精査を行い懲戒処分を決定"します」
小西洋之「後で突くようなことはするな！」
自分が話を聞いてなかったのに逆ギレする小西が哀れ
#kokkai
またデマを…総理が繰り返していた答弁に「国家公務員法」という言葉はなかった

実態は手続きの根拠となる「国家公務員法」がわからず醜態を晒していたのだ
黒川検事長の懲戒処分の内容手続きを定めた法律の名前を言ってください
※「国家公務員法」がわからないの図
いやっこれは、これは事前にですねっ
それはですね まさに、まさに これはもう、えっ 何回も、もうし上げてっ
アベさんとネトウヨの天敵 小西ひろゆき議員

総理の「一番最初から何度も申し上げてるように」との主張は虚偽
Dappi氏の指摘は事実に基づかない私への誹謗中傷だよって法的措置を警告する
6月12日のヒアリングで電通から複数の職員が内閣府に来ているのがわかりましたね
ふっふっふっ…
原口一博議員 似てなくてすみません

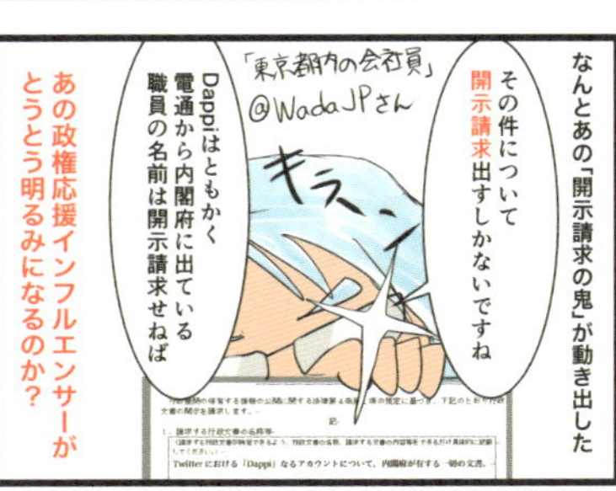
なんとあの「開示請求の鬼」が動き出した
その件について開示請求出すしかないですね
「東京都内の会社員」@WadaJPさん
Dappiはともかく電通から内閣府に出ている職員の名前は開示請求せねば
キラーン
あの政権応援インフルエンサーがとうとう明るみになるのか？
Twitterにおける「Dappi」なるアカウントについて、内閣府が有する一切の文書。

政権崩壊まであと21日

内閣府へ電通からの出向者が明らかに

安倍政権を応援するツイッターアカウントは少なくありませんが、その中でも異彩を放っているアカウントがあります。そのアカウントは個人では困難な作業量やフルタイム稼働、さらには議員秘書、政党職員、国会職員、国会担当の行政省庁職員だけが利用できる国立国会図書館分館を使わないと得られないような資料を即座にアップする体制など、「組織的」かつ「政党関係者」である可能性が常々囁かれてきました。

そんな中、6月12日のヒアリングで発覚したのが、内閣府が電通からの出向者を複数人受け入れていることでした。

果たして内閣府に出向する電通関係者は一体何をしているのでしょうか？

80日目

ジジイ通信
倍首相、連続執務140日　新型コロナに対応
新型コロナウィルス対応で陣頭指揮を執る安倍首相の連続執務日数が13日、140日に達した。土日や祝日も首相官邸に入り…
あああああああ
なんと おいたわしい
アベさん大好きおじさん

口の悪い左翼は「タッチアンドゴー出勤」などと言うが
例：2020年6月7日(日)
16:14私邸発
〜官邸に約50分滞在〜
17:39分私邸着
土日はいつもこんな感じ

ワナワナワナ
このように野党やマスコミから理不尽な罵詈雑言を常に浴び続ける
非常に強靭でなければこの職は務まらない
総理、本当にお疲れ様です 日本のためにありがとうございます
しかし…

2011年 野党時代の世耕さんによると
国会議員がこの国難の時期に
夏休み取っていいんですか？
いいはずがありません！
…だそうです
当時の民主党政権むしろ国会会期延長してますから！

政権崩壊まであと20日

安倍首相連続執務を報じるメディア

6月13日、時事通信がこんな記事を配信しました。「安倍首相、連続執務140日　新型コロナに対応――夜の会食そろそろ解禁？」……。

新型コロナの脅威は、安倍首相がいままで盛んに口にしてきた「国難」そのもの。連続執務は大変かもしれませんが、首相動静を見る限り、執務時間自体は決して長くありません。ましてや、会食などしている場合ではないのは当然でしょう。

しかし、安倍首相や与党議員は、2018年7月豪雨の際も、議員懇親会「赤坂自民亭」で宴会をしていました。彼らにとって庶民が被害を受けるのは、国難でもなんでもなく、粉骨砕身で仕事するには値しないことで、会食のほうが大事だとでも言うのでしょうか？

81日目

非正規への休業手当徹底と、困っている人が
ちゃんと生活保護をうけられるように
国会質問
2020年6月15日 参院決算委員会
生活保護は国民の権利
それなのに
一部の政党や政治家が
バッシングを煽ってきた
共産党　田村智子議員

一部の政党が
生活保護に対して
バッシングをしていると
こう仰いましたが
それはもちろん
自民党ではないことを
確認しておきたい

あの〜
敢えて今日は名前を
出さなかったんですけど…
民主党政権時代に
ワーキングプアを
救おうってことで
生活保護の受給者を
増やした時に
それを攻撃したのが…

自民党です
なんと国会で芸人の住む
マンションの写真を提示
あの有名芸人の
親族が生活保護！
芸人本人は
タワマンに
住んでるのに！
生活保護は
生きるか死ぬかが
もらうもの！
有名芸人の母親が
生活保護！
不正受給か調査を！
あおる
あおる！

政権崩壊まであと19日

積み重ねられる小さな「嘘」

6月15日の参議院決算委員会で日本共産党の田村智子議員は、コロナ禍の生活補償策について質問する際、「バッシングともいえる生活保護への侮蔑や敵意を一部の政党や一部の政治家が煽ってきた」と発言しました。すると、安倍首相は「自民党でないことは確認しておきたい」と反論しました。

しかし、片山さつき議員らが先頭に立って生活保護バッシングを煽ってきたのは厳然たる事実です。これらの細かい「嘘」や「歴史修正」を見逃してきたことが、現在の日本社会に重くのしかかっています。首相や閣僚の答弁を聞こえがいいように要約するのではなく、嘘を嘘として指摘すること。それこそがメディアに問われていることではないでしょうか。

82日目

持続化給付金の給付が遅れている件について
6月15日 参院決算委員会
それはやはり、それはやはりですね さまざまな問題があったのは事実なんですよ

私もこれね これ相当、経産省側にね 確認を、しましたよ
給付が遅いことに異論はないらしい
ずいぶん経ってるけど どうしたの? なんでなの?って おそいじゃんって

それはですね、それは、ちゃんと理由があるわけですよ
安倍総理が経産省に確認した「給付が遅い理由」とは…?

不備をなかなか修正できなかったり 正しく申請できない …って申請者がいるんですよ 正直申し上げて
経産省は申請の仕事を相当ていねいに指導してやってんだから評価していただきたい
実際に対応してるの経済省じゃなくて再々々々委託先の派遣の人じゃん!!
政府の結論「申請者が悪い」
ふざけんな!!

政権崩壊まであと18日

「給付の遅れは申請者のせい」と言った安倍首相

6月15日、参院決算委員会で国民民主党の浜口誠氏は「(持続化給付金の)申請が始まった5月1日の翌日に申請した人でも、まだ支給を受けていない例がある」と指摘しました。この指摘を受けた安倍首相、経産省に何度も確認したと強調した上で、「受ける側が怠慢でできていないというわけではない。書類の中に問題があったのは事実だ」と反論しました。

そもそも申請がややこしかったり、給付要件の「売り上げ半減」の証明が難しいなどの不満が噴出していたこの制度の不備、さらに給付金事業についての不透明なカネの流れなどを棚に上げてこの発言。うまくいかないのは「国民のせい」にしたがる安倍政権の本質をよく表しています。

検察庁法改正案、ついに廃案へ

安倍政権が違法な閣議決定で過去の法解釈を捻じ曲げて決めていた黒川元東京高検検事長の定年延長を正当化するために必死で通そうとしていた検察庁法の改正案。

しかし、国民からの猛烈な反対を受けて、成立の見送りとなっていましたが、6月17日、ついに安倍政権及び与党はいったん廃案とする方針を固めるに至りました。

しばしば「声を上げても何も変わらない」「デモなんか無駄」という冷笑的な声が聞こえます。しかし、国民が誰も何も言わなければ、与党の議席数が圧倒的な現在の国会では、野党が反対しようが成立していたわけです。この事例を見れば、そんな冷笑的な声こそが無駄で無意味だということがおわかりになると思います。

83日目

「政権の番犬」黒川氏の定年を延長させるための検察庁法改正案が市民から大抗議を受け
あんな連中に負けるな!! 強気で行け
#検察庁法改正案に抗議します
#検察庁法改正の強行採決に抗議
#ツイッターデモ
検察庁改正法案
うおおおおおお

今国会の成立は勘弁してやる!!
三権分立をこわすな!!
民主主義を守れ!!
検察庁法改正法案
ぴゅー
今国会での成立見送り、継続審議…

そして、とうとう廃案に!
のわあああああああ
みんなの声が政治を動かしたのだ!

しかし…
秋の臨時国会でまたこの法案出してやるからな
それまでお前が総理だったらな
引き続き監視が必要なのであった

政権崩壊まであと17日

84日目

現職の国会議員が逮捕
しかも1人は前法務大臣という
前代未聞の事件があったその日
かつて、法務大臣に、任命、した、者として責任、を、痛感…
「かつて」とかすごい昔のことみたいに言ってるけど任命したの去年の9月ですから
総理会見が行われた
マスク外してたけどせっかく似合ってるのでここではマスク付きで

さすがに記者からは
厳しい質問が飛ぶのかと思いきや…
自民党から河井夫妻に振り込まれた1億5千万円の一部が買収資金に使われたことはないってことでいいんですよねえ
憲法改正についてお伺いしまぁす
ポスト安倍意中の人はいらっしゃいますかぁ
にへら
にへら
にへら
にへら

厳しい質問どころか
総理が気持ちよくしゃべれるよう
アシストするだけの
ゴマスリ集団と化していた
ポスト安倍というお話でありますが
後継者、と言うものは育てるもの、ではなくて育ってくるものでありまして…
死ぬほどしょうもない話が延々とつづく
政権の長期化と高い支持率は
彼らの働きによるところが大きい
…と、ここまで描いたところで
にへら
にへら
にへら
にへら

なんとFNNと産経新聞の世論調査で
委託先の不正が発覚
今までの高支持率の真偽はいかに??
世論調査に不正な入力
調査会社が架空のデータ
毎日毎日マンガのネタがありすぎて困る…

政権崩壊まであと16日

河井克行前法相夫妻、逮捕

6月18日。日本の憲政史上、前代未聞の不祥事が起きました。そうです、刑事司法のトップ、すなわち法務大臣だった河井克行衆院議員とその妻・案里参院議員が、夫婦揃って現職の国会議員にもかかわらず公職選挙法違反(買収)容疑で東京地検特捜部に逮捕されたのです。

当然、安倍首相の任命責任を問う声が国民や野党からも噴出しました。しかし、同日の首相会見で、報道陣は責任を厳しく問うどころか、予定調和的なゴマスリ質問に終始したのです。

同時に、世論操作委託先企業の不正が発覚するなど、メディア不信を助長するようなことも発覚しました。長期政権の歪みは、メディアをも侵しているのです。

85日目

ダーウィンの進化論では
こう言われておる
にへら
にへら
最も強いものが
生き残るのではなく
最も賢い者が
生き延びるのでもない

唯一生き残ることが
できるのは
変化できるものである
にへら
にへら
だから憲法改正
by自民党
にへら
・・・・・

ワシあんなこと
言った覚えないんだけど
なんなの
あいつら
これは
ケンブリッジ大学も否定している
有名なフェイクである
元ネタは1960年代に米国の経営学者
レオン・メギンソンが言ったヨタ話

1960年代に出たフェイクに
いまだに乗っかる自民党
どんだけ周回遅れなのか
「生き残る種は
強い種でも賢い種でもなく
変化に適合できる種だ」
政治家が引用する
ダーウィンの進化論だ
↑
まだ言ってる
そしてこの
偽科学を信奉する集団が
科学や教育の予算を
削りまくっているのだ

政権崩壊まであと　15日

フェイクを流す自民党改憲プロパガンダ

6月下旬。コロナ禍において国民の生活や感染症拡大防止に全力を投入するでもなく、依然として改憲に執着する自民党が、進化論を誤用したプロパガンダ漫画を発信し、物議を醸しました。
「誤用」というよりも、もはや無知無教養の産物か、意図的に捏造されたフェイクニュースと言っても過言ではないレベルのシロモノには、アカデミズムからも反論の声が上がりました。

27日に日本人間行動進化学会が出した声明では、ダーウィンの進化論は「思想家や時の為政者によって誤用されてきた苦い歴史」があるとし、「生物の進化のありようから、人間の行動や社会がいかにあるべきかを主張することは、論理的な誤り」としています。

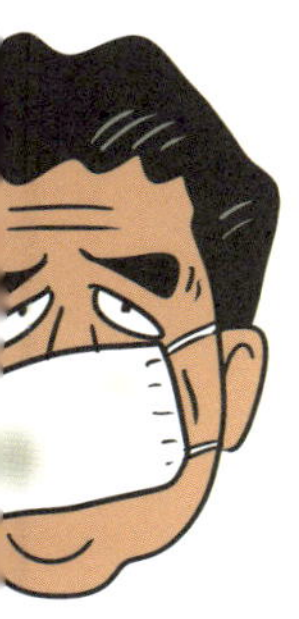

86日目 その①

あー
ありがとうございますー
三色の旗を頂きました
こんなん
なんぼあっても
いいですからねー
※吹き出しの配置上
ボケとツッコミの位置を逆にしてます

あのな
うちのおかんが大好きな
国政政党を忘れたいうねん
そんな大好きな政党を
忘れたって
どういうこと？

大衆と共に語り
大衆と共に戦い
大衆の中に死んでいく
という理念の政党やて
公明党やないかー
創価学会の理想
「万人の幸福」を実現する
立派な党やないか

でもな
与党なのに衆参合わせて
57人の国会議員
しかいないんやて
公明党やないかー
自民党が400人近いのに
連立組んで頑張っとるんや
国会議員は少なくても
地方議員は
ぎょうさんおるんよ

←②へ続く

その②
でもな
コロナに苦しむ国民全員に
10万円給付を総理に進言して
実現したらしいで
公明党やないかー
野党があれだけ言っても
「お肉券」とか言ってた自民党も
公明党の票が無いと
小選挙区で勝たれへんから
しぶしぶ言うことを聞くんやて
去年の参院選の公約は
NHKをぶっ壊すこと
だったらしいで
がしっ
そら公明党と違うかー
公明党は
勝ち馬に乗ることで
存在感を示す政党
少しの閣僚ポストのために
何でものみ込むようになった
票を回すことで
くっついてる相方やねん
でもな
池田創価学会名誉会長は
「ぶっ壊すべき」と言ってたと
学会幹部が
証言してたらしいで
公明党やないかー
平和と福祉の党で
スタートしたのに
今や自民党の補完勢力
だから池田会長は
政権になびいて
平和福祉を忘れた時は
遠慮なく潰せと言ったんよ
公明党公式アカがネトウヨ化して話題になったことも…
でもな、おとんが言うには
都民ファーストの会ちゃうかって
それは公約実現ゼロで
エジプトの大学を首席で
卒業してると言い張ってる
あの知事が作った
希望すらなくなった
地域政党やー
もうええわ！

政権崩壊まであと 14日

87日目

買収容疑で逮捕された河井夫妻が
自民党から受け取っていたのは
1億5千万円
ほら～
うけとれ～
パカ

一方、同選挙区の自民党候補
溝手顕正氏には1500万円
これほど
金額の開きがある例は珍しい
溝手さんは公然と
安倍さんを批判した人
ですからねぇ

これだけの金額を出せるのは
安倍総理か二階幹事長の
どちらかですよ
あっれえええええ！
政権応援団として有名な
田崎スシローさんじゃないですか！
どうした!?

僕は当初から疑問でしたよ
河井さんを法務大臣にするのは
もしかして
泥舟から逃げ出す準備
始めちゃいました？

政権崩壊まであと13日

1億5000万円を提供された河井案里容疑者の選挙

前法相の河井克行衆院議員と妻の案里参院議員の公職選挙法違反容疑での逮捕という前代未聞の事態、内容は2019年の参院選を巡り、94人に現金約2750万円を配った大規模な買収容疑です。

この「原資」は、案里容疑者のために選挙資金として党本部から提供された、破格の1億5000万円だとされています。このとき、自民党が参院広島選挙区に擁立したもう1人の自民党候補、溝手顕正元防災担当相が1500万円だったのと比べるとまさしく破格。この背景には、安倍首相の強い意向があったと言われています。

そしてこの件では、安倍政権推しの田崎史郎氏がテレビ番組で意外な発言をしていたことも話題になりました。

88日目

厚労省がテックチームと連携して新型コロナ接触確認アプリCOCOAをリリース！
わはははははどうだすごいだろ
アプリの開発は、厚労省がパーソルプロセス&テクノロジー社に
4104万円で発注

ところが…
虚偽申告できない触れ込みなのに誤った処理番号でも申告できちゃう
使用開始日が毎日リセット
アプリにも一期一会の精神で向き合う…
接触確認されても検査できるとは限らない
COCOAでアプリ検索しても出てこない
「接触確認アプリ」でも出てこない
iPhone6以前に対応してない
これはアプリのバグじゃないけれど
あれだけCOCOA COCOA言っときながら名前は違うという…
不具合続出

実はこのアプリ
ボランティアが無償で
開発したものなのだ
大々的に宣伝してたけど実はまだ試行版
何があっても3週間で完璧なものを作り上げろと言われへっぽこエンジニア烙印押されるなんてツライ
私たちはお金を一円ももらわずにボランティアで開発しました
皆に役立てばいいなと思っただけなのに…
過酷な条件の下がんばったのにアプリの苦情まで殺到してしまう気の毒なボランティアの方

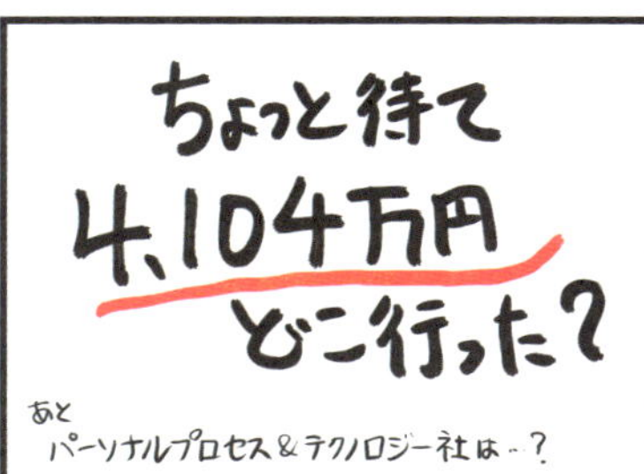
ちょっと待て
4,104万円
どこ行った？
あと
パーソナルプロセス&テクノロジー社は…？

政権崩壊まであと 12日

接触確認アプリがリリース

6月19日、新型コロナウィルス接触確認アプリが配信されました。

厚労省がこのアプリを外注したのはパーソルプロセス＆テクノロジーという会社。しかし、アプリの基本設計は、エンジニア有志の集団がOSS（オープンソースソフトウェア）として無償で開発したものでした。彼らはアプリの不具合などで批判を受けてしまいます。

彼らとは別に接触確認アプリの開発を進めていた一般社団法人コード・フォー・ジャパンの関治之代表は、「OSSで作られたものを最終製品として責任持って納品すべきなのは委託事業者であり、製品の受け入れテストをしてリリース判断をするのも、わかりやすく広報をすべきなのは政府である」とツイート。まさしくその通りです。

89日目

あの悪名高い
持続化給付金事務局の
グループチャットで
あるメッセージが一斉送信された
今後、「家賃補助の給付事業」を
博報堂が受注する可能性がありますが
電通傘下で本事業に関わった会社が
博報堂に協力した場合
給付金ノウハウの流出ととらえ
出禁レベルの対応をします
すいませんが強制的にお願いします
「給付金ノウハウの流出」
に失笑…
電通の下請け
イベント会社(株)TOWの人
カチャカチャ

要するに、電通が下請け企業に
ライバル会社に協力するなと
恫喝しているのだ
しかも下請けに言わせる
末端の人材派遣会社は博報堂の仕事も
受けざるを得ないかもしれませんが
もしそんな声が聞こえてきたら
報告をお願いします
密告推奨!
ケケケケ

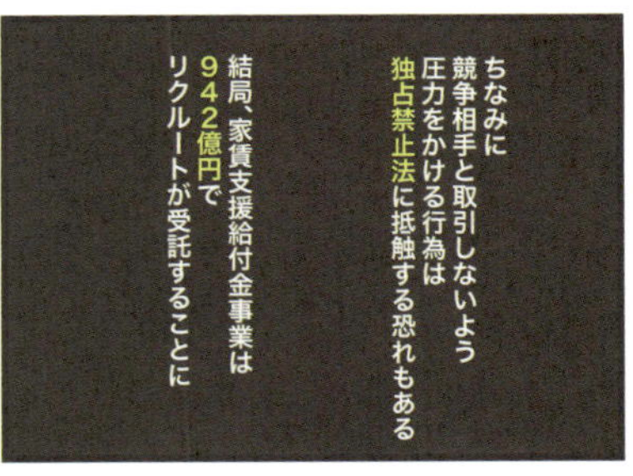
ちなみに
競争相手と取引しないよう
圧力をかける行為は
独占禁止法に抵触する恐れもある
結局、家賃支援給付金事業は
942億円で
リクルートが受託することに

ここで一首
ちょっと待て
なんで広告代理店
畑ちがいが
メディアも牛耳る
でてくる企業が
広告業とかイベント業
ばっかりなのはなぜ…?

政権崩壊まであと11日

電通、持続化給付金の下請け恫喝を文春が報じる

　この「100日間」においても、大きな影響力を持っていたのが「文春砲」です。

『週刊文春』6月18日発売号が報じたのは、電通による経産省の民間委託事業をめぐる「下請け恫喝問題」。次の翌25日発売号では恫喝メッセージの全文を公開するという強力な記事でした。

　電通が受託しない経産省からのコロナ支援策事業について、博報堂が受注する可能性があり、もし博報堂が受注した場合、電通傘下で持続化給付金に関わっていた会社が博報堂に協力したら「出禁」と恫喝し、協力した会社がわかったら「密告」することまで要求していたと報じられています。

　国や行政の公共事業は公正な競争によって決められるべきです。

90日目

恥も外聞もなく
おべっかのかぎりを尽くし
ノーベル平和賞は
安倍総理にこそ
ふさわしい！
ああああ
安倍総理は
なんと
素晴しい…
安倍総理の存在感は
過去に例を見ない…

安倍さんの「特使」として
世界を飛び回り
東に「慰安婦」像が
建つと聞けば
決議をつぶす
考え直すよう
説得してまわり
歴史修正本
日本の真実を
配り歩き
西に日本の安保法制が
批判されてると聞けば
バチカンに親書を送る

選挙戦ではひたすらエゲツなく
尾行しろ
対立候補に尾行をつける
これ安倍さんから
案里をよろしく
買収する
ヤバ
犯罪にも躊躇なく手を染めた挙句…

容赦無く切り捨てられる
我が党に属していた
国会議員の逮捕は
大変遺憾
そんなに影響を
及ぼす大物ではない
悪の組織で成り上がった末路である
政権与党が悪の組織って…

政権崩壊まであと10日

「安倍首相の茶坊主」の生き様

河井案里容疑者の選挙資金に破格の1億5000万円。この背景には、安倍首相のプッシュがあったと言われています。なぜ河井夫妻がここまで寵愛を受けたのでしょう？

6月19日の東京新聞によれば、河井前法相は「月刊河井克行」なるホームページで、自身と首相の蜜月の関係を繰り返し強調していたそうです。また、トランプ大統領の当選時、安倍首相がいち早く会談に漕ぎ着けた背景で水面下での調整を行ったとされていたことも報じられています。

涙ぐましいほど必死に尻尾を振り、安倍首相にアピールしていたのです。そのため「褒美」を与えられた河井氏ですが、不手際が公になるとあっさり捨てられます。それをするのが安倍首相です。

91日目

野党側が細かく選挙違反を気にする一方
ええっと 公示日前は証紙の貼ってないビラで 公示後は証紙が貼ってあるのじゃないと選挙違反
SNSの選挙運動は投票日前日の23時59分59秒まで！
選挙運動に関して飲食物の提供はお茶菓子の他は禁止！ おにぎりもダメ！

政権与党は豪快に選挙違反をしていた
おにぎりをふるまうケースも
カニ、メロン、香典名目の寄付 など など

これだけあからさまな選挙違反 しかも本人も認めているのに
にへら にへら
大臣の職を辞してまで反省して謝罪している 許してあげようじゃありませんか
なんと不起訴！
は？
特捜部幹部
←だれか教えてくれないから

我々は無法地帯に住むために税金を払っているのか
#菅原前経産相の不起訴に抗議します
ほんとに出してます→
司法の崩壊
※想像図
絶対にツイッターのトレンドにあげるなよ
はいっ
法の下の平等はどうしたあああ！
司法を崩壊させる気か！

政権崩壊まであと9日

菅原一秀前経産相が不起訴に

6月25日、不可解な起訴猶予処分が出ました。東京地検特捜部が、選挙区内において公設秘書が代理で有権者に香典や枕花を渡すなどし、公職選挙法違反容疑で刑事告訴されていた菅原一秀前経産相を不起訴（起訴猶予）としたのです。

東京地検特捜部はその理由を、「法軽視の姿勢が顕著とは言い難い」としています。しかし、東京新聞が26日に報じた記事によれば、菅原氏が支援者の「ランク」に応じて香典や枕花を届けるよう細かく指示する姿を見ていた元秘書らの間にも「法を犯していたのは明らかなのに、なぜ不起訴？」と困惑が広がっているそうです。この件では、27日に東京都の男性が検察審査会に不起訴にしたのは不当だとして申し立てを行っています。

92日目

あの「議事録黒塗り」でおなじみの
新型コロナ専門家会議がついに…
専門家会議は廃止
新たな会議体を立ち上げる
フィナーレを迎えた

しかし、この報せ
当の専門家会議の面々には
※責任をおっかぶせられることを察知して
いろいろ暴露&言い訳中
廃止？
…今、大臣がそういう
発表をされたんですか？
寝耳に水だった

翌日の政府・与野党連絡協議会では
なんと誰もその経緯を知らず紛糾
西村大臣の発言をどう収拾つけるかで…
当惑
え…、まだ
廃止してませんけど
驚愕
廃止？
聞いてない！
激おこ
専門家会議は
公明党の要望で
設置されたのに！
自民・公明党も
知らなかった
まさに大混乱であった

ガバナンスの失われた安倍政権
新人研修
ほう・れん・そう
報告
連絡
相談
ガバナンスどころか
「ほう・れん・そう」から
叩き直さないといけないぐらいの
レベルの低さである
なんでこんなのが国の中枢にいすわってるの？？

政権崩壊まであと8日

突然の専門家会議廃止

6月24日、政府の新型コロナウイルス感染症対策本部の下に設置されていた専門家会議の廃止が、西村康稔経済再生担当大臣によって表明され、7月3日には政府が正式に決定しました。政府は専門家会議の代わりに、新たに「新型コロナウイルス感染症対策分科会」の立ち上げを発表しました。

波紋を呼んだのは、24日の発表時でした。なんと専門家会議副座長の尾身茂氏すらも廃止を知らされていなかったのです。それどころか与党内部でもその経緯を知らなかったというから驚きです。

政府の「思いつき」で振り回される専門家ですが、専門家会議の面々は尾身氏ら多くがそのまま分科会にスライド。尾身氏は3日の会見で協力を表明しました。

93日目

清和会の「伝統と創造の会」が分裂
稲田さんの
リベラルさには
ついていけない！
これからは
「バランスの取れた」
政治家イメージで
いきますんで！
※だいぶ振り切れちゃってる人たち
の言うことなので、「リベラル」といっても
いろいろおかしいです

これは清和会の内紛
稲田と西村は次の総裁選に
出馬すると公言してるが
清和会
某議員
公式サイトの
「世界各国美人図鑑」で
おなじみ!!
「外遊」のときに
撮ったのか
まさか勝手に撮って
アップしてない
よね??
やたらとルッキズムにおかされてる清和会の面々
アイアム
グッドルッキング!!

だが、ここに来て
下村が派閥の三回生以下に
氷代を配り出した
稲田も西村も
党内の地殻変動を察知して
焦り出したというわけさ
氷代
※氷代＝お金
です
ワナワナワナワナ

そもそも派内でも
次期総裁選どうするかなんて
話し合われてないし
党内でもこの3人が
総裁候補と認めてる
わけでもないけどね
その前に
オレ辞めるなんて
一言もいってないんだけど
ね、
佐伯ちゃん！
さすがは
金と保身で繋がっている連中である

政権崩壊まであと7日

報じられた「清和会分裂」

6月27日付の日刊スポーツのコラム、「政界地獄耳」で、「稲田朋美氏のリベラル志向に清和会分裂」と報じられました。曰く、稲田朋美自民党幹事長代行の「伝統と創造の会」が分裂、新グループ「保守団結の会」が設立された背景には、稲田氏のリベラル志向に失望したと言い出したメンバーが現れ、分裂に至ったんだとか……。

その後、静岡新聞によれば、稲田氏は「伝統と創造の会」メンバーに向けて〝選択的夫婦別姓の議論推進など自身が取り組む政策を念頭に「皆さんが疑問に思い、心配されたのは事実だ。説明不足だったことは率直に反省している」と釈明する文書を配布〞したと報じられています。自民党の夜明けは遠い気がします。

94日目

ウラジーミル 君と僕は、同じ未来を見ている
ゴールまで、ウラジーミル、二人の力で駆けて、駆け、駆け抜けようではありませんか
・・・・・・
ロシア大統領に 渾身のおべっかスピーチ さらに三千億円拠出しながらも

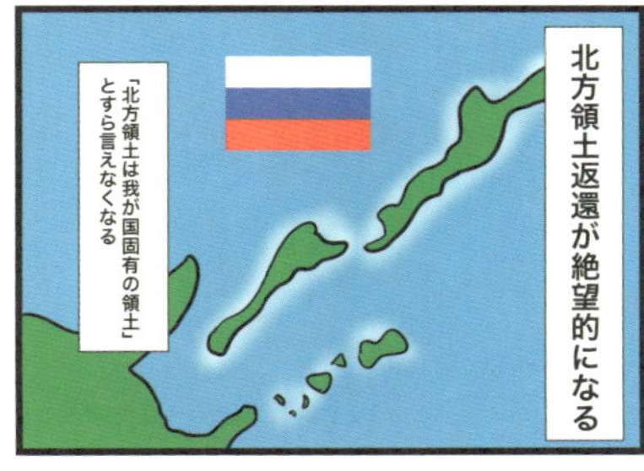
北方領土返還が絶望的になる
「北方領土は我が国固有の領土」とすら言えなくなる

トランプとの蜜月を誇りながら
えっ、このたび トランプ大統領、と、完全に、一致、いたしました
ガハハハ シンゾー・グッドボーイ!!

盛大にカモられる
FTAで日本の農業売り渡す
思いやり予算4倍増の8千5百億円要求
高額武器を言い値で爆買い
書ききれない!!
トランプ元側近 ボルトン氏回顧録より
安倍外交の成果である

政権崩壊まであと 6日

ロシアで領土割譲禁止の法律が制定

7月1日、ロシアでは憲法改正の国民投票が行われ、約8割の圧倒的多数で、領土の割譲を禁止する内容を含んだ改正憲法が承認、4日に発効しました。これを受けて、領土の割譲を含む領土保全への違反行為を過激主義と見なし、処罰の対象とする法律の改正案が22日に下院で、24日に上院で可決され、31日に成立しました。

国民投票翌日の2日には、日本が主権を主張する北方四島の国後島ではさっそく、ロシアの住民が領土割譲の禁止条項の文言を刻んだ記念碑を設置し、島民は日本への引き渡しはなくなったと改憲案承認を祝ったと報じられました（7月4日日本経済新聞）。

「外交の安倍」は、今まで一体何をやってきたのでしょうか。

95日目

トランプ大統領が表明した先進7カ国会議(G7)拡大構想を巡り
G7拡大構想
!

日本政府が米政府に対し韓国の参加に反対していたことが判明した
韓国の参加にぃぃ
はんたいぃぃぃぃ
トランプ氏が最終判断するんで
ぬっちゃ
ぬっちゃ
ぬっちゃ〜

安倍政権にとって今やG7参加国であるということが韓国に勝っていると思い込める唯一の砦なのだ
アジア唯一の参加国じゃあぁ
この座はゆずらんぞぉおおお
アジアの盟主じゃあぁ
うけるー

先進国として韓国に勝りたいのならそんな幼稚な方法ではなく真っ当な国である努力をしましょう
先進国とは基本的人権の尊重、民主主義、法の支配、国際秩序の維持を大切にする国
かつ、一定の経済力のある国を指します
あああああああ！こういうこと↓しない国のことですねえ！納得！

政権崩壊まであと5日

安倍政権、トランプ大統領のG7拡大構想に反対

6月27日、トランプ大統領が5月に表明していたG7（先進7ヶ国首脳会議）拡大構想について、日本政府は韓国の参加に反対する考えを米政府に伝えていたことがわかりました（28日時事通信）。

この報道に、韓国の与党「共に民主党」の所属議員、ソン・ヨンギル氏は自身のFacebookで、「新型コロナウイルス感染症パンデミックで全世界的対処が必要な状況にもかかわらず、個人の支持率を上げるための〝嫌韓政治〟に出ている安倍首相の無責任なやり方に強い遺憾を表明する」と表明（29日WowKorea）。ぐうの音も出ないほど鋭い指摘ですが、先進国として「アジアの盟主」の地位を守りたいのであれば、もっと他にやるべきことがあるように思えます。

96日目

安倍さんの飼い主盟友
トランプ大統領が危機を迎えている
6月24日に公表された世論調査で
民主党候補のバイデン前副大統領が
トランプ大統領を大きくリード

トランプ大統領の支持率は
新型コロナウイルス、BLM以降
下落を続けている
支持率に敏感なトランプ…
だれかと似てる!!
トランプ大統領は
この結果に落ち込み
大統領選挙戦から脱落する
可能性が出てきたという…

そうなると困るのは安倍総理だ
……
カナダ トルドー首相
トランプ氏について意見を求められ沈黙
ボルトン回顧録で トランプから かもられていたことを 「親密」とアピール
NHK 岩田さん
トランプ大統領に
批判的な目が注がれる中
批判どころか
親密さをアピールする始末
次期大統領との関係はどうなるのか

この致命的な外交センスのなさ
アベ政権の外交術
①卑屈なまでに隷属
②イキる
③バラまく
さすがは第二次大戦時、よりによって
ナチスドイツ、ファシズムのイタリアと
同盟を組んだ大日本帝国大好きっ子な
安倍シンゾーである

政権崩壊まであと4日

窮地に立たされるトランプ大統領

6月8日、CNNが発表した世論調査で、民主党候補指名が確定したバイデン前副大統領の支持率がトランプ大統領を上回るという結果が出ました。すると、トランプ大統領はこの結果を「フェイクだ」とこき下ろし、CNNに対して「訂正と謝罪」を要求する文書を送ったそうです（6月12日毎日新聞）。

ところがその後、24日に公表された米全国世論調査でも同様の結果が出ることに……。

その背景にあるのは、新型コロナウイルス対策の失敗やBLM（Black Lives Matter）の隆盛でトランプ政権の進めてきた政策への反発が高まっていることです。

ただ、前回トランプ大統領が勝利した選挙も、誰も彼の勝利を予想していなかったわけで、まだ予断を許さない状況です。

97日目

#検察庁法改正案に抗議します
の前にもう一つ
著名人やマスメディアを巻き込み
大きなムーヴメントを起こした運動を
覚えているだろうか
ブライアン・メイが
サヨクとは知らなかった!
レットイットビーは
もう聴かない!
豪快に
まちがえる
ネトウヨ

そう、辺野古米軍基地移設である
ホワイトハウス請願に続き
県民投票でも反対
辺野古反対派の知事が当選
そもそもずっと
座り込みをしている人たちがいる
反対
72%
賛成
19%

これだけ民意がはっきりしているのに
国は沖縄県の
辺野古埋め立て承認撤回を取り消し
今までの苦労を踏みにじるように
工事を強行している

海底の地盤は極端に柔らかく
埋め立てには巨額の費用がかかり
いつ完成するかもわからない
沖縄慰霊の日の
ビデオメッセージ
沖縄の誇る豊かな海と緑は
容赦なく破壊され
いまお前がしてることな!!
もはや意味のない自然破壊と
沖縄への嫌がらせにしかなっていない
#辺野古の工事再開に抗議します

政権崩壊まであと3日

コロナでも お構いなしの 「辺野古工事再開」

コロナ禍で日本中が混乱し、政権も迷走する中の6月12日。沖縄県辺野古の新基地建設工事が2か月ぶりに再開されていました。

この再開の日は、沖縄県議選の投票日から5日後です。どう考えても露骨なタイミングですが、菅義偉官房長官は「まったく関係ない」と否定するのみでした。

辺野古の地盤が柔らかく、基地建設に向いていないことや巨額の費用が嵩むことなどが、調査によりハッキリと報告されているにもかかわらず、環境破壊と沖縄への嫌がらせとしか思えない工事に邁進する安倍政権。「沖縄の民意」というのはすでに明らかです。検察庁法改正を国民の声で止められたように、辺野古に関しても声を上げるべきではないでしょうか?

98日目

世界的なコロナ危機により
しぶとく残っていた新自由主義者らも
社会というものが
まさに存在する
新自由主義の権化
サッチャー元首相の言葉を否定する
ジョンソン英首相
社会保障費を削り
民間に売り渡していく
新自由主義政策には
無理があると悟り
次々と考えを改めていく中

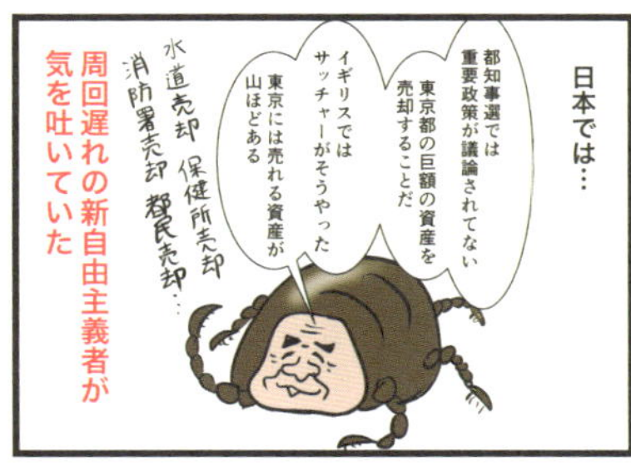
日本では…
都知事選では
重要政策が議論されてない
東京都の巨額の資産を
売却することだ
イギリスでは
サッチャーがそうやった
東京には売れる資産が
山ほどある
水道売却 保健所売却
消防署売却 都民売却…
周回遅れの新自由主義者が
気を吐いていた

しかし、ここ日本では
権力の中枢に
冷戦脳
世界を席巻する日本製品
ジャパン・アズ・ナンバーワン
バブル脳
反共反共はんきょおおお
共産党ゆるすまじ!
なんなら
大日本帝国脳
あの戦争は正しかった!!
縄文脳もよろしく!!
まさに周回遅れの連中が
長年居座っており

しかも「井の中の蛙、大海を知らず」
状態なので
日本のアニメって
世界一なんだってね
クールジャパンですね
これもっと打ち出して
世界で輝きましょう
日本が世界で輝くには
さらなる規制緩和と
民営化
世界の新たな潮流になど
ついていけるはずもなかった

政権崩壊まであと2日

新自由主義の限界

4月にCOVID-19に感染し、入院治療の末、無事生還したボリス・ジョンソン英首相は、ゴリゴリの新自由主義者であったにもかかわらず、自主隔離中に発信したメッセージで「社会というものがまさに存在する(there really is such a thing as society)」と発言し、世界中を驚かせました。サッチャー政権から連なるイギリスの新自由主義は英国の福祉国家体制を否定してきました。その新自由主義の後継者だったジョンソン首相が……と誰もが驚いたのです。

このように、コロナ禍では新自由主義の限界が露呈し、それを痛感した人々が現れたのも象徴的でした。しかしながら日本は新自由主義どころか縁故主義が跋扈する始末。いつの時代なのでしょう。

99日目

安倍総理の悲願
歴史にその名を刻むことがついに…
偉大なる総理として歴史に名をおおお
安倍政権のレガシーを残してお、思い出を作りたいいいい
叶えられた！
安倍晋三　第90代・96〜98代
日本国内閣総理大臣

北方領土問題を終わらせたのだ！
領土交渉は終わった
今後十年、二十年、百年誰もこの交渉のテーブルに戻ることはできない
ロシア国民がそれを許さない

2島返還でも
4島返還でもない
まさかの
全島献上である！
しかも3000億円もつけて
ウラジーミル
2人の力で、駆けて、駆け、駆け抜けようではありませんか

とうの本人は抗議もせずに雲隠れ
なにが「地球儀を俯瞰する外交」だろうか
日本人が国際大会で優勝したときとかはすぐしゃしゃり出るくせに
数十年にわたる外交努力の
有り難みもわからず
たった数年で全てをぶち壊し
その責任も取らない
甘ったれバカ息子政権である

政権崩壊まであと 1日

「外交の安倍」がなし得たこと

ロシアの改憲によって、事実上「ジ・エンド」となってしまった北方領土問題。

凄腕のプーチン大統領相手に、安倍政権が逆転するのは限りなく不可能なことです。

思えば、北方領土交渉は戦後日本が長年、押したり引いたり多くの人々が苦心してきた課題でした。自民党から「2島返還」という案が浮上したときは、保守層からも大きな批判を受けました。

しかも安倍政権は2016年に日露経済協力で3000億円規模の経済協力（という名の国民の血税献上）をつけているのです。

改めてこのときのことを思い返すと、安倍首相がファーストネームでプーチン大統領を呼ぶ様がひたすら薄ら寒く感じます。

100日目

その①

感染が再び拡大する中
無策と愚策を振り回してきた
安倍政権が
しっかり感染防止策講じないのお前らじゃん!!
しっかりと感染防止策を講じて
経済活動との両立を図っていく
これができないなら
もう経済活動できません!
西村コロナ担当大臣
国民に向かってキレていた

都知事は自らの都合ファーストで
感染者数をもてあそび
指標も感染者数も
フレキシビリティー
でウィズコロナ
大阪市民だけど
待てど暮らせど
10万円入ってこない
ガハハハハ
あんたボーナス
もらってるから
いらんやろ
EXPO 2025
大阪では知事と市長が
給付金が遅れている
自治体ワースト1であることを
笑いのネタにしていた

そのとき熊本では記録的な大雨による
甚大な被害が出ていたが
わずか1時間の
官邸滞在
会議は
15分で終了
安倍総理はやってるフリだけして
早々と私邸に引き揚げた

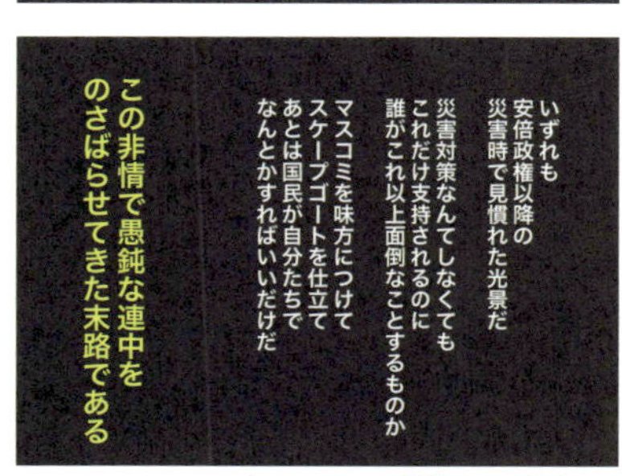
いずれも
安倍政権以降の
災害時で見慣れた光景だ
災害対策なんてしなくても
これだけ支持されるのに
誰がこれ以上面倒なことするものか
マスコミを味方につけて
スケープゴートを仕立て
あとは国民が自分たちで
なんとかすればいいだけだ
この非情で愚鈍な連中を
のさばらせてきた末路である

←その②へつづく

100日目 その②

ところで私たちは…
日本の政治も社会も
この政権も

覆せない宿命のように
思い込んでいませんか？
世の中なんて
こんなもんだよ
日本人は
バカなんだからさ
変わるはずないよ
自ら作った「諦め」という
ローカルルールの適用に明け暮れ
現状がいくら酷くても
簡単に追認してしまう

がっかりするのが怖い
失望したくないから
先にあきらめておくの
これが私の
ライフハック！
がっかりするのは悪いことじゃない
がっかりすることを怖がらなくていい
落ち込んで疲れが癒えたら
次の一歩を踏み出せばいい

今まで無力だと
思い込んできたけれど
私たちには力がある
微力かもしれないけど
確実に力があるのです

おわり

謝罪会見　1日目

#100日で崩壊する政権
謝罪会見
ざわざわ
ざわざわ

このたびは…
ガタ

申し訳ございませんでした
パシャ
パシャ
パシャ

#100日で崩壊する政権
謝罪会見
カニャ
カニャ
パニャ
パシャ

100日で崩壊する政権
って言ってたけど
結局、連載終了までに
総辞職もしなければ
解散もしなかった
じゃないですか

結局この政権
びくともしなかった
じゃないかー

#100日で崩壊する政権
謝罪会見
この安倍政権が
崩壊しなかった責任は
全て私にあります

責任を痛感して
私はもう
安倍政権に関するマンガは
これでやめることにしました

…ですが、
毎日新聞によると
安倍総理は
「責任は私にあります」と
言い続けて既に49回だそうです

そして
「責任は私にあります」の
栄えある50回目は
現職国会議員の逮捕だった
…と、記憶に新しいと思います

#100日で崩壊する政権
謝罪会見
なので…

日で崩壊する政
謝罪会見
私にはまだまだ
48回か49回の責任を取る
チャンスがあるので
再チャレンジ
しようと思います
引退会見
じゃないのかーい

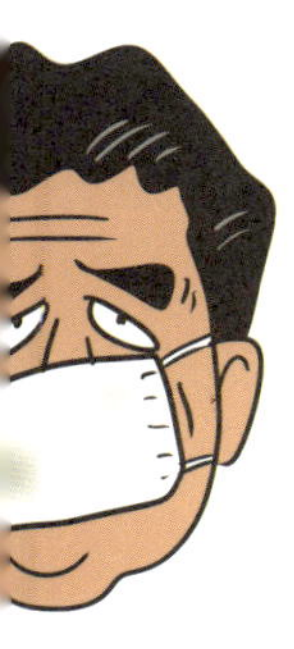

謝罪会見　2日目

＃100日で崩壊する政権
謝罪会見
なんでこの政権が崩壊しなかったと思いますか？
あれだけ辛辣に描いてて…
うんうん

…申し訳ございませんでした

実は安倍政権というのは最高に素晴らしい政権だった…
西日本豪雨当日
災害対応もせず
"赤坂自民亭"と称し
飲み会

…と思っているのは電通とかパソナとか分け前にあずかっている取り巻きの皆さんだけであって
安倍政権はモリカケの時点で壊れてなければいけなかった
私がこの漫画の連載を始めた頃には、そもそも存在してはいけなかったんです

壊れてる政権が
なんで続いてるんですか！

だいたい
あなたたちは
テレビ局に
雇われてるんじゃなくて
本当は広告代理店に
雇われているんでしょ？
マインドが
ジャーナリストじゃなく広告屋
？

総理として
なにもしないどころか
権力を悪用して
好き勝手する人物を
ずっと居座らせたのは
あなたたちマスメディア
例えば電通からもらえる
オリンピック絡みの
CMやらその他諸々の
この利権にあずかっている
人たちにすれば
安倍政権の崩壊は
絶対に避けたいでしょ？
だからあなたたちも
官邸の言うことを
聞かなきゃいけないから
不正を責めきれなかったのでは？

だいたい
NHKは何なんですか？
誰にも忖度しない
報道をするために
広告収入の代わりに
受信料を取ってるんでしょ？
今や政権の広報部隊
民放よりも悪質です
……
……
……

謝罪会見　3日目

広告代理店が悪い
メディアが悪いといっても
結局は選挙で
選ばれているじゃないですか

＃100日で崩壊する政権
謝罪会見
国民の一人として
申し訳ありません

そう、国民は
政治に無関係ではいられないのに
あまりに政治に無関心です
自らの苦境が政治に由来することが結びつかない
政治なんて誰がやっても同じ
政治にたよっちゃダメ!! ちゃんと個人で努力
いくらメディアが
広告代理店に支配されてるとはいえ
ここまでおかしい政治を
野放しにすること自体
国民はいかれていると思います

選挙は当選したもん勝ち
選挙に勝てば
政権を取れば
やりたい放題してもいい？
その一番悪質な例はナチス
私たちは歴史の事実として
その悲劇を思い知っているはず

みなさん
国民の義務って
何だか知ってますか?
そんなの簡単
納税、勤労、教育

違います
日本国憲法　第12条
この憲法が国民に保障する
自由及び権利は、
国民の不断の努力によって、
これを保持しなければならない。
ここが、
私たちが将来の国民に
負っている義務なのです

国民もマスメディアも
政権を支える公務員の皆さんも
目先の利益のために働くのではなく
この国に住む人たちや
国際平和のために何ができるかを
常に考えていかなければ
いけないんじゃないですか?

100日で崩壊する
謝罪会見会
こちらです
日本国憲法と
ともにあらんことを

完

描き下ろし

2020年
日本は

巨大な甘えん坊であった
ローラとかさあ 急に環境のこととか 言い出して 違和感あるよね
環境問題に取り組む人をあざ笑う人たち
善意、正義 人権…を 嘲笑う人たち
日本のコロナ対策は 世界から称賛
コロナ対応の失敗を認められず推し進める人たち
8月15日に靖国神社に集まりコスプレして遊ぶ人たち

こういった甘えん坊が
社会の真ん中に居座っている

それが日本の姿である

自分たちが辛うじて
手にしている平和と豊かさが
どこからくるかも知ろうとせず
○○新聞
車イス乗車 また大もめ
バス35台が運休
VOTES FOR WOMEN
投票
日本国憲法

むしろぶっ壊してきたものを
称賛する

大日本帝国陸軍を 擬人化しました!

りくぐんちゃん

大東亜戦争での 日本の戦い方は 実に素晴らしかった

安全に守られたところで大人に反抗する
メンタリティのまま老いた人たちが
社会の中枢で好き放題しているのが
いまの日本なのである
ギャハハ

ところで
彼らは一体誰に
甘えてるのか？

？

それは
人権や公正さを
大事にする価値観と
それを守ろうとする人たちだ

人権は人であるというだけで
人種、民族、性別を超えて
誰にでも認められる権利
私たちが幸せに生きるためのもの

なぜ彼らは
社会の不正に怒り行動する人を叩くのか
パヨクー
反日‼

検察庁法改正案なんて
安倍一味以外に
なんのメリットもないのに
それに抗議した人を

もっと勉強してから
発言しましょうね

歌手やってて
知らないかも知れないけど
デタラメなウワサに
だまされないようにね

むほほ

責任取れるのか！

干されるよ

のくせに

歌手のくせに

らしくないですよ

なぜあれだけ叩くのか

あれは、甘えているのだ

だから自分たちが
何か気に入らないことをされると
人権侵害だー
…などと言い出す

自分たちも
こういう価値観に守られていることを
どこかで自覚しているのだろう
安全地帯から吠える
基本的人権の尊重

人権を
大事にする
と言うのだから
いくら
噛みついても
そう酷いことは
されないだろう
…と、
甘えているのだ

日本が韓国に甘える度合いも
文在寅政権になって
ますます酷くなってきた
韓国最高裁で日本企業に賠償命令が
出たことからはじまる報復措置
韓国の政府高官をわざと失礼に扱う
ノーネクタイ
粗末な会議室で
出迎える
輸出管理に関する
事務的説明会

これも、韓国が文在寅政権になって
人権をはじめとした近代国家の価値観を
重視する方向にシフトしてからだ
あれだけ幼稚にイキっても
わりと大人の対応が返ってくる

でもさ
日本も韓国も
どっちもどっちじゃない？
戦争の
加害責任
とは…
いろいろあるけど
日本はよくやってる方
じゃない？
総理も体調が悪いみたいだし
今は批判するときじゃないよ

ぐっさり
社会ではいろいろあるけど
そんなことより
日々をていねいに生きよう

これが噂の
どんなに腐った政権でも
支持し続ける3割の
正体である
7年半の暴政で
痛みが麻痺しているのだ
痛みに
耐えて耐えて耐え抜く
そうすれば
そのうち慣れる！
※ザ・ニュースペーパーの鉄板ネタ

痛みに慣れすぎて、痛みがどこからくるか
わからなくなった人も

安倍やめろ系の人に
「君の生活がうまくいかないことに
安倍さんはミリほどの
影響力もないよ」と言ってあげたい

…もっと
自分のこと大切にしよ！

安倍政権は
自らの尊厳をないがしろにする
国民に甘え
国民もまた
国民の尊厳を踏みつける
権力を甘やかし続けてきたのだ

100日崩壊マンガ制作と安倍政権への弔辞

この「100日で崩壊する政権」は、2020年3月28日、私の誕生日からツイッターで投稿を開始した連載マンガです。この少し前、多くの人気を集めていた『100日後に死ぬワニ』にあやかったもので、週に1~2本の4コマを制作するのがやっとだった私が、毎日欠かさずマンガを連載するというのは未知の領域でした。少しばかりのネタをツイッターに投稿してみると、「面白そう」「読みたい」と背中を押してくれるリプライを複数いただき、思い切ってチャレンジすることにしました。

さて、私がマンガを描く理由、特に「100日で崩壊する政権」を描き残しておこうと思ったのは、コロナ禍にある政権が場当たり的で自分勝手な政策を行っていく様を記録するため、この時、この瞬間、いったい何が起こったのかを忘却させないためです。

例えば1945年に終戦を迎えた太平洋戦争は、加害責任がいったいどこの誰にあったのかとか、2011年の東日本大震災に伴う福島原発事故については経済産業省や原子力ムラに逆らうことができないであろう先生方が、いろんな言い訳で「歴史修正」を試みています。

あれだけ国民の尊厳をないがしろにした上、近隣諸国を苦しめ抜いた戦争について、実は日本は被害者だと言い放つ著名人や、原発事故は収束して汚染水もアンダーコントロールされているとうそぶいた総理大臣もいました。「悪夢のような民主党政権」なんて表現もありましたが、そもそも事故前に担っていた政権は、津波による冷却機能喪失対策を拒否していたことにもまた、白昼夢のような歴史修正がなされていることはみなさんご存じの通りです。

そして今、新型コロナウイルスをめぐる対応策については、「愚策」としか評価できないようなことが起こりました。新型コロナは、少なくとも2020年の早い段階で「SARSに似た、新しい新型肺炎である」ことが専門機関から報じられており、オリンピックの中止や感染防止策のための封じ込めが叫ばれていたのにもかかわらず、財務大臣は「6月には収束する」と言い放ち、現金給付は否定しながら3月には「和牛券を配ろう」とか、やっと現金給付を行うことが検討された4月には「世帯主の2月以降の月間収入が1月以前と比べて減少し、年収換算で個人住民税非課税の水準まで落ち込む場合に30万円給付」などの理

解不能な給付条件があったとか、マスクを配るといえば予算も出所もハッキリしないアベノマスクの配布が行われました。
きっと次の総選挙あたりでは、もう不人気大学の獣医学部の話も、ゴミの埋まった土地売却や書類改ざんの話も、桜を見る会の公費投入も、東京高検の幹部が賭け麻雀をして訓告だけで済まされ、5900万円もの退職金をもらった話も、まるでなかったかのように忘れ去られ、どこからともなく「総理は1人10万円の現金給付を英断した」とか「布マスクの配布で市販マスクの転売と感染拡大を防いだ」「内閣は当初からPCR検査を拡充させろと言っていたのに野党が議論に応じなくて……」なんて針小棒大に脚色された物語で盛り上がることでしょう。
そんなことは、もう本当に終わりにしたい。私の記憶が確かなうちに、事実をきちんと記録しておきたいのです。
冒頭で書いたようにこの100日崩壊マンガは緊急事態宣言が出され、自宅で隠遁生活を送りながら執筆した作品ですが、政権からコントロールされているかのように有形力を行使する男性2人によって、あらゆる妨害がなされました。彼らの行った妨害も事実として、ここに記しておきます。絵本の読み聞かせを要求する2歳男性、かんしゃくを起こして床をガンガン踏む3歳男性。この2人の妨害行動については、将来、幸せに育ち、笑顔で生活する姿を私や夫に見せてほっこりすることで償っていただきます。

マンガの連載は、ツイッター・インスタグラム・フェイスブックなどに投稿し、数日後にハーバー・ビジネス・オンラインに掲載されるというスタイルで行いました。いわゆる「ネトウヨ」と呼ばれる方々からの誹謗中傷記事も寄せられましたが、それ以上にたくさんの応援メッセージを頂きました。また、マンガのネタを提供してくださった方、マンガ専用アカウントを作ってくださった方、マンガの誤植などを指摘くださる方もいらして、みんなで駆け抜けた100日間でした。ありがとうございました。
安倍総理はマンガの予言通りにさせまいと50日間延命したものの、2020年8月28日、体調不良を理由に山積した問題を放り投げて辞意表明しました。最後に一言。公訴時効が訪れる前に、安倍さんとその仲間たちに司直の手が入ること、そしてこの国の三権分立が正しく機能することをお祈り申しあげます。

ぼうごなつこ

ぼうごなつこ

ぼうごなつこ● 1974年、神奈川県生まれ。
まんが家・イラストレーター。
ツイッターで鋭い風刺漫画を発表し続け話題に。
現在、ハーバー・ビジネス・オンライン（http://hbol.jp）にて連載中。
『子どもの心に寄り添って～被災した子どもの心のケア（NPO法人キッズドア）』
『知ってはいけない 隠された日本支配の構造（講談社現代新書）』
『女政治家の通信簿（小学館新書）』などでまんが・イラストを担当

100日で崩壊する
政権

発行日　2020年9月20日　初版第1刷発行

著者　**ぼうごなつこ**
発行者　久保田榮一
発行所　株式会社 扶桑社
〒105-8070
東京都港区芝浦1-1-1 浜松町ビルディング
電話　03-6368-8875（編集）
03-6368-8891（郵便室）
www.fusosha.co.jp

印刷・製本　株式会社廣済堂

定価はカバーに表示してあります。
造本には十分注意しておりますが、落丁・乱丁（本のページの抜け落ちや順序の間違い）の場合は、小社郵便室宛にお送りください。
送料は小社負担でお取り替えいたします（古書店で購入したものについては、お取り替えできません）。

Printed in Japan　ISBN978-4-594-08609-1